COURS

DE

THÈMES GRECS.

DE L'IMPRIMERIE DE A. HENRY,
Rue Gît-le-Cœur, n°. 8.

COURS

DE

THÈMES GRECS,

COMPOSÉ DE DESCRIPTIONS, DE TRAITS D'HISTOIRE, ET D'AUTRES MORCEAUX,

TIRÉS DES AUTEURS GRECS.

Par M. Chardin,

MAITRE DE CONFÉRENCES AU COLLÉGE ROYAL DE LOUIS-LE-GRAND.

PREMIÈRE PARTIE.

PARIS,
A LA LIBRAIRIE CLASSIQUE-ELÉMENTAIRE,
RUE DU PAON, N° 8.
1826.

PRÉFACE.

Un cours de thèmes grecs était le complément nécessaire du dictionnaire français-grec. Entièrement calqué sur la nouvelle Méthode de M. Alexandre, cet ouvrage n'en est que le développement et l'application rigoureuse. Mais en suivant les règles, j'ai dû chercher des exemples capables d'intéresser; j'ai cru que les phrases détachées ne remplissaient pas ce but. Elles présentent le précepte dans toute sa sécheresse, et leur froide monotonie, en fatigant l'esprit même le plus studieux, exclut toute élégance de la traduction. J'ai cherché à éviter ce défaut, et j'ai cru y parvenir en rassemblant une suite de descriptions, de traits d'histoire, de morceaux de morale puisés dans les auteurs grecs originaux. Ce choix fournissait en même-temps des corrigés sûrs et dont la grécité ne pouvait être douteuse.

Les élèves pourront encore, en traduisant un morceau suivi, se former à la manière dont les Grecs enchaînaient leurs idées, apprendre à connaître, à sentir une foule d'expressions dont l'usage les embarrasse souvent dans leurs versions ordinaires. Ces expressions destinées à lier les propositions entre elles disparaissent nécessairement dans les phrases détachées. J'ai trouvé d'abondantes ressources dans l'inépuisable variété de Lucien ; je n'ai pas consulté avec moins de fruit Elien, Plutarque, Xénophon, Dion Chrysostôme et Libanius. Je dois surtout beaucoup à saint Basile, et à saint Grégoire dont l'éloquence vive et pressée remplissait admirablement le but de cette première partie, composée toute entière de phrases simples. J'ai cherché dans la traduction à me rapprocher le plus possible du grec ; lorsque la tournure française s'en éloigne, une note indique la manière littérale dont on doit rendre la phrase.

Je dois en finissant témoigner ma reconnaissance à MM. Alexandre et Defauconpret dont l'indulgence a encouragé mes essais, et dont les conseils ont dirigé mes travaux. Heureux si environné de tant de secours je puis avoir quelque part à une noble entreprise à laquelle s'associent de grands noms, et se rattachent de glorieuses espérances pour l'Université française.

COURS

DE

THÈMES GRECS.

EXERCICE PRÉLIMINAIRE.*

THÈME I.

PHRASES DÉTACHÉES.

La vie est un esclavage. Le corps est une prison. Le travail est un trésor. La vertu est un don de Dieu. La colère est un commencement de folie. L'oisiveté est une source de vices. Le travail est père de la gloire. Le sommeil est une image de la mort. Le temps est le remède de la douleur (1). Le malheur est une occasion de vertu. La beauté est le jouet du temps et de la maladie (2).

* (Voyez la *Méthode Grecque*, *pag.* 1-4.)

(1) *Tournez :* Le temps est un remède de douleur.

(2) *Tournez :* Beauté est jouet de temps et de maladie.

THÈME II.

SUITE.

L'homme est un souffle et une ombre. La nécessité est une arme très-puissante. Un ami sûr est un rempart solide, un trésor animé et un port de salut. La langue est cause de grands maux. La mort est *le* (1) dernier médecin des maladies. La concorde est *la* sauvegarde des villes et *la* conservatrice des citoyens. Les enfans sont *les* colonnes d'une maison et *le* lien le plus fort de l'amitié. Un bienfait rendu est un beau trésor.

THÈME III.

SUITE.

La vertu est *la* véritable noblesse. L'ambition est une maladie incurable. La frugalité est une pauvreté volontaire. Un roi est une image animée de la divinité. Le flatteur est un ennemi dangereux. Les bonnes mœurs sont le salut de la vie. Un juge ignorant est une calamité publique. La probité est la richesse de l'homme pauvre. Une bonne réputation est un grand trésor. Les mauvaises sociétés sont la perte des jeunes gens vertueux.

---

(1) *Les articles soulignés ne doivent pas se rendre en grec.*

THÈME IV.

Les premiers hommes.

Autrefois la terre était déserte, elle n'avait point d'habitans. Les forêts n'avaient point d'oiseaux, les fleuves n'avaient point de poissons. Dieu crée d'abord les animaux ; il donne la force au lion, la légèreté au cheval, et distribue une arme particulière à chaque espèce. Ensuite il crée l'homme. L'homme est le roi de la terre, le maître des animaux et la noble image de la divinité.

THEME V.

SUITE

L'homme pur était heureux, il ne connaissait (1) point les soucis ni les passions. La terre fournissait une nourriture abondante, elle ne portait point d'herbes nuisibles, mais seulement les fruits les plus délicieux. Des sources pures arrosaient les campagnes; des oiseaux harmonieux remplissaient les forêts. Le temps était toujours serein, la chaleur du soleil était modérée; des vents frais agitaient l'air, et toute la nature célébrait la gloire du Créateur.

(1) *Tournez* : Il était ignorant des soucis.

THÈME VI.

SUITE.

Bientôt l'homme ingrat oublia Dieu. Aussitôt la nature est bouleversée; les nuages cachent le soleil; l'hiver survenant détruit les fleurs et la verdure; l'air apporte les maladies et la peste. L'homme abandonné est livré à la pauvreté, aux maladies; oubliant la voix de Dieu, il forme des dieux d'argile, il adore des animaux, des bêtes féroces. O insensé, tu négliges le véritable Dieu, et tu sacrifies à l'animal le plus vil!

THÈME VII.

Le Cheval et le Sanglier.

Autrefois le cheval était libre, il habitait un pré fleuri; une belle source arrosait la prairie et fournissait au cheval une onde pure. Le sanglier envie (1) le bonheur du cheval; il dévaste la prairie, déracine les fleurs, et trouble l'eau de la fontaine. Le cheval irrité médite une vengeance, il invoque le secours de l'homme (2). L'homme rusé consent; le sanglier est tué; mais le cheval est asservi et regrette en vain la liberté.

(1) *Tournez :* Envia.

(2) *Tournez :* Il appelle l'homme auxiliaire.

THÈME VIII

Glaucus.

Le pêcheur Glaucus (1), disent les anciens, ayant mangé une certaine herbe, devint immortel, et il habite maintenant la mer. Mais voici la vérité (2). Glaucus était un pêcheur de la ville d'Anthédon (3); il plongeait souvent, traversait la mer, et rapportait des poissons; il disparaissait ensuite et revenait de nouveau. Mais un jour il rencontra un monstre marin et périt dans les flots. Alors les habitans d'Anthédon dirent: Glaucus est resté dans la mer, maintenant il est un dieu marin.

THÈME IX.

Actéon.

Actéon était un Arcadien, ami de la chasse. Il nourrissait une meute nombreuse, parcourait les montagnes et poursuivait les bêtes sauvages. Or tous les Arcadiens étaient laboureurs; ils n'avaient point d'esclaves, mais ils cultivaient eux-mêmes la terre. Actéon négligea l'agriculture;

---

(1) ὁ Γλαῦκος, ου.

(2) *Tournez* : La vérité est ainsi.

(3) ἡ Ἀνθηδών, όνος.

songeant à la chasse seule, il consuma une grande fortune. Alors les Arcadiens s'écrièrent : les chiens ont dévoré le malheureux Actéon. Les autres Grecs accueillirent cette fable (1).

THÈME X.

Description de la vallée de Tempé.

Dans les montagnes de la Thessalie est un lieu charmant, une solitude très-agréable. Une forêt épaisse et de grands chênes repoussent les rayons du soleil. Le lierre fleuri embrasse les arbres, une herbe tendre couvre les collines ; la terre est cachée, la verdure seule paraît. Les lauriers *y* (2) sont abondans ; et les vignes fécondes montrent la fertilité de la nature.

THÈME XI.

SUITE.

Le safran, l'hyacinthe et beaucoup d'autres fleurs *y* charment la vue. L'odeur des roses, des narcisses, des lys et des violettes parfume l'air. Les habitans ne connaissent pas l'hiver ; le prin-

(1) *Tournez :* La fable.

(2) *Tous les mots soulignés dans le cours de l'ouvrage ne doivent pas se rendre en grec.*

temps règne (1) toujours. Le seul zéphire *y* souffle, et les branches des arbres agitées forment une mélodie continuelle. Le fleuve Pénée et des fontaines agréables coulent doucement et offrent aux voyageurs une eau fraîche. Des oiseaux harmonieux chantent continuellement et charment agréablement les passans.

THÈME XII.

Homère.

Homère eut une âme inspirée; il inventa un genre de poésie (2) agréable, élevé et magnifique; il charme encore non-seulement les Grecs, mais toutes les nations. Beaucoup de gens (3) ignorent l'histoire des anciens; mais ils n'ignorent pas les malheurs de Priam, les pleurs d'Andromaque et d'Hécube, le courage d'Achille et d'Hector. Orphée charmait autrefois les rochers, les arbres, et les bêtes sauvages; mais maintenant la langue d'Orphée est muette. La poésie d'Homère au contraire est toujours brillante, et captive tous les esprits.

---

(1) *Tournez :* Est toujours.
(2) *Tournez :* Une poésie.
(3) Beaucoup de gens, πολλοὶ, αἱ, ά.

THÈME XIII.

DU NOM SUBSTANTIF.*

SUBSTANTIF SUJET.**

Le Printemps.

Le printemps commence (1); l'hiver a fui. L'herbe fleurit; les abeilles bourdonnent; les oiseaux chantent; les ruisseaux limpides murmurent. Le soleil est plus chaud, le ciel plus brillant, le disque de la lune plus éclatant; la terre est plus belle, le cri des cigales plus doux, le bêlement des agneaux plus agréable. Le coursier fougueux bondit, le troupeau saute, le jeune enfant joue, les bergers dansent légèrement; les flûtes champêtres retentissent, et l'écho des forêts résonne agréablement. Partout règne la joie, partout règne le bonheur.

---

* *L'article étant nécessairement lié au substantif, nous ne lui avons pas consacré de thèmes particuliers.*

(Voyez *Méth. Grecq.* Chap. I et II.

** (*Méth.*, § 11 et 12.)

(1) *Tournez :* Le commencement du printemps est.

THÈME XIV.

Sur la naissance du Christ.

Le Christ naît, les ténèbres sont dissipées, la lumière est créée de nouveau, les ombres passent, la vérité paraît. Les lois de la nature sont détruites. Le fils de Dieu devient fils de l'homme; le Dieu éternel commence; le créateur est engendré; le Dieu increé est créé. La parole de Dieu, la source de la vie et de l'immortalité, l'image immuable du Père prend une forme humaine; il est entièrement homme, seulement il n'est pas pécheur.

THÈME XV.

SUITE.

Les démons trompeurs ne règnent plus; Dieu n'est plus outragé; les chênes ne parlent plus; le trépied sacré ne rend plus d'oracles; la Pythie se tait; Apollon est muet; le souverain des dieux, Jupiter est renversé; la lumière brille; le temps de la régénération est arrivé. Les fêtes des Gentils sont détruites; Baal (1) est tombé, l'idole de Dagon (2) est brisée: Bacchus est méprisé; l'impudique Vénus est oubliée; le vrai Dieu seul règne.

---

(1) ὁ Βὴλ, *indécl.*

(2) ὁ Δαγὼν, ῶνος.

THÈME XVI.

Sur le Courage.

Le courage est la marque d'une grande âme. Les Égyptiens étaient laboureurs, et les Scythes guerriers : les Scythes étaient courageux et libres, et les Égyptiens timides et esclaves. Les Assyriens cultivaient la terre, les Perses faisaient la guerre ; les Assyriens devinrent esclaves, les Perses commandèrent. Les Lydiens combattaient autrefois, ensuite ils cultivèrent la terre : libres ils combattaient, esclaves ils s'occupèrent (1) de l'agriculture. Ainsi le bœuf indolent laboure ; le coursier remporte des prix : le lion féroce déchire le cerf, et l'aigle poursuit la colombe. L'animal timide est esclave, l'animal courageux est libre.

THÈME XVII.

SUBSTANTIF ATTRIBUT OU APPOSITION. *

Antisthène.

L'Athénien Antisthène (2) fut d'abord élève du rhéteur Gorgias, ensuite il devint disciple du phi-

(1) *Tournez* : Ils exercèrent.

* (*Méth.*, § 13 et 14.)

(2) ὁ Ἀντισθένης, ους.

losophe Socrate, et connut Platon le fondateur de l'académie, et Aristote le chef des Péripatéticiens. Le premier il commença la secte des Cyniques; il instruisit Diogène, homme grand et vil à la fois; il devint un modèle de tempérance et de vertu; il fut le maître du Cynique Cratès (1) et jeta les fondemens de la courageuse secte des Stoïciens.

THÈME XVIII.

Didon.

Didon, fille d'Agénor (2), roi des Tyriens, et sœur de Pygmalion, fut mariée au Phénicien Sichée. Pygmalion, violant les lois de la nature, tue secrètement Sichée. Didon apprend (3) en songe le malheur de Sichée, rassemble quelques Tyriens, quitte (4) Tyr, et fonde Carthage, ville grande et florissante. Carthage fut appelée la capitale de toute l'Afrique; elle eut une grande puissance; elle résista aux Romains; mais enfin vaincue elle fut entièrement détruite.

---

(1) ὁ Κράτης, ητος.
(2) ὁ Αγήνωρ, ορος.
(3) *Tournez :* Ayant appris.
(4) *Tournez :* Ayant quitté.

THÈME XIX.

SUBSTANTIF RÉGIME.*

L'Été.

La nature présente le plus beau spectacle. Le soleil jaunit les moissons; chaque arbre porte des fruits, chaque plante porte des fleurs. Le laboureur regarde les sillons chéris, et il forme de douces espérances. Le chasseur prépare les gluaux; le pêcheur nettoie les filets. L'abeille laborieuse, quittant la ruche, traverse en volant (1) les prairies et butine les fleurs. L'oiseau fait retentir la forêt, et charme l'homme par ses chants (2). Le coursier fougueux ne peut supporter l'écurie, il brise *ses* liens (3) et cherche l'ombre des bois ou la fraîcheur des fleuves.

THÈME XX.

Numa.

Le règne de Numa donna la paix aux Romains; il ferma le temple de la guerre et détruisit les dissensions. La justice du roi adoucit les mœurs des Romains; et l'amour de l'ordre et de la paix gagna tous les cœurs (4). Les citoyens ensemençaient

* (*Méth.*, § 15.)

(1) Traverser en volant, *δι-ἵπταμαι*, *fut.* *δια-πτήσομαι*, *acc.*

(2) *Tournez* : Chante autour de l'homme, *περι-λαλέω, ῶ. f. ήσω, acc.*

(3) *Tournez* : Supportant avec peine..., et ayant brisé.

(4) *Tournez* : Posséda tous les hommes.

la terre, ils respectaient les dieux. Le bonheur régnait partout : les fêtes, les réjouissances remplissaient l'Italie ; et la sagesse de Numa, comme une source intarissable, fécondait tout le pays. Les trompettes, comme disent les poëtes, ne retentissaient plus, la rouille rongeait les lances et les épées, et la toile d'araignée couvrait les boucliers.

THÈME XXI.

Les Rois.

Les rois portent des diadèmes d'or, et un manteau de pourpre. Ils ont une armée nombreuse, de la cavalerie, des vaisseaux, des richesses immenses, des hérauts, des licteurs. Ils commandent à des peuples nombreux ; ils sont adorés et semblent jouir du plus grand bonheur. Mais au dedans sont les craintes, les remords, les soupçons. Ils ont un sommeil court et léger, des songes effrayans, des soucis innombrables. Tous les Grecs dorment ; mais le doux sommeil ne captive pas Agamemnon fils d'Atrée (1).

(1) *Allusion au commencement du second chant de l'Iliade.*

THÈME XXII.

Denys le jeune.

Le changement de fortune de Denys est la plus grande preuve de l'instabilité de la vie. Denys, tyran de Syracuse, et fils de Denys l'ancien (1), avait une grande puissance. Il possédait des vaisseaux, des talens d'or et d'argent, et des alliés très nombreux. La ville de Syracuse (2) avait des ports spacieux, une muraille très élevée et un arsenal très vaste. Denys croyait posséder une puissance invincible, et cependant il fut chassé honteusement, et termina dans la pauvreté la vie la plus malheureuse.

THÈME XXIII.

Le Déluge.

Les premiers hommes, ayant oublié Dieu, commettaient des actions honteuses : ils n'observaient pas les sermens, ils n'accueillaient pas les étrangers, ils n'écoutaient pas les prières. Tout à coup de grandes pluies survinrent : les fleuves se débordèrent, la terre fut inondée, et la mer s'é-

(1) *Tournez :* Plus vieux.

(2) *Tournez :* Des Syracusains.

leva (1) très haut. La mort menaçait tous les êtres vivans; un seul homme prudent et religieux fut sauvé, et sauva en même temps toute sa famille. Ayant construit une grande arche, il emmena aussi des paires de sangliers, de chevaux, de lions et de tous les animaux. Ainsi Dieu punit les crimes des premiers hommes, et une seconde génération occupa la terre.

THÈME XXIV.

SUBSTANTIF DÉSIGNANT LE PRIX.*

Sur le Bonheur.

Un homme ignorant acheta un talent le bâton de Pérégrinus (2) le cynique. Un autre ayant acheté trois mille drachmes la lampe du stoïcien Epictète, crut posséder aussitôt la sagesse de ce grand philosophe. Ainsi l'homme riche croit acheter le bonheur et la gloire *avec* de l'argent; mais Dieu vend la gloire *au prix* du travail, et le bonheur est la récompense de la seule vertu.

---

(1) *Tournez :* Monta beaucoup.
* (*Méth.*, § 17.)
(2) ὁ Περεγρῖνος, ου.

THÈME XXV.

La vente des Philosophes.

MERCURE. Venez, mortels, hâtez-vous; Jupiter vend aujourd'hui toutes les sectes des philosophes. — Les hommes arrivent, et Mercure commence ainsi : J'estime d'abord Pythagore vingt mines. Vous connaissez cet (1) homme juste et respectable; il sait l'Arithmétique, l'Astronomie, la Géométrie et la Musique. — Un marchand Italien acheta dix mines le philosophe. Ensuite le dieu amène un homme du Pont, hideux, portant une besace et un bâton. Cet homme est Diogène le cynique, dit Mercure : il sera très bon portier; il tiendra lieu d'un chien fidèle, car il sait aboyer et mordre (2) et il coûte seulement trois oboles.

THÈME XXVI.

SUITE.

MERC. Maintenant je vends deux talens l'homme le plus sage, le plus saint, Socrate, fils de Sophronisque (3). Tous les spectateurs voulaient acheter le vieillard Athénien; mais il échut à Dion de Syracuse. Ensuite Mercure estime une obole

(1) *Tournez* : L'homme.

(2) *Tournez* : Il aboie et il mord.

(3) ὁ Σωφρονίσκος, ου.

Aristippe de Cyrène (1), homme débauché et corrompu. Personne n'acheta un esclave si (2) dissolu et si gourmand. Déjà la foule se retirait. Alors Mercure ne perdant pas de temps vend dix mines Chrysippe le stoïcien et donne gratis le Sceptique Pyrrhon (3).

THÈME XXVII.

SUBSTANTIF DÉSIGNANT LE TEMPS OU SE FAIT UNE CHOSE.*

Voyage dans la Lune.

La troisième année de la quatre-vingtième Olympiade, le septième jour du mois d'Elaphébolion (4), ayant quitté les colonnes d'Hercule, j'allai dans l'Océan occidental, et nous eûmes d'abord une heureuse navigation. La cause de ce voyage était la curiosité et l'amour de la nouveauté. Le second jour le vent augmenta, la mer grossit, les ténèbres survinrent et le pilote ne pouvait diriger le vaisseau. Enfin le vingtième jour le soleil parut subitement, et nous apercevons une île grande et élevée. Etant descendus, nous trouvons un fleuve de vin, les poissons étaient pleins de vin, et des ruisseaux de miel coulaient des arbres.

---

(1) ὁ Ἀρίστιππος Κυρηναῖος, ου.

(2) Si, οὕτω.

(3) ὁ Πύῤῥων, ωνος

* (*Méth*, § 18.)

(4) ὁ Ελαφηβολιὼν, ῶνος. *Ce mois répondait en partie au mois de février.*

THÈME XXVIII.

SUITE.

Le mois suivant nous quittons l'île, et une trombe survenue tout à coup enlève le vaisseau. Le huitième jour une terre vaste paraît dans l'air ; elle avait des villes, des fleuves, des mers, des forêts, des montagnes ; elle était ronde et brillante ; c'était la Lune. Ayant abordé nous rencontrons les Hippogypes, (les habitans de la lune sont ainsi appelés). Or les Hippogypes sont des hommes montés sur de grands vautours. Nous sommes arrêtés, et le cinquième jour nous sommes présentés au roi Endymion.

THÈME XXIX.

SUBSTANTIF MARQUANT LE TEMPS QUE DURE UNE CHOSE.*

Sur ceux qui ont vécu long-temps.

Beaucoup d'hommes ont eu une vie très longue, et ont conservé long-temps un corps sain. Et d'abord je citerai les rois et les princes. Numa Pompilius, roi des Romains, régna quarante-trois

* (*Méth.*, § 19.)

ans, et vécut quatre-vingts ans. Tarquin le dernier, roi de Rome, mourut âgé de quatre-vingt-dix ans. Arganthonius (1), roi des Tartésiens (2), vécut cent cinquante-ans, comme l'historien Hérodote *le* rapporte. Hiéron, tyran de Syracuse, mourut âgé de quatre-vingt-douze ans, et il avait régné soixante et dix ans.

THÈME XXX.

SUITE.

Antigone, fils de Démétrius, et petit-fils d'Antigone le borgne, posséda l'empire de Macédoine quarante-quatre ans, et *en* vécut quatre-vingts. Nous citerons aussi quelques philosophes. Démocrite l'Abdéritain mourut volontairement âgé de cent quatre ans. Zénon, le chef de la secte des Stoïciens, vécut quatre-vingt-dix-huit ans. Athénodore (3) de Tarse (4), maître de César-Auguste, mourut âgé de quatre-vingt-deux ans. Aristobule l'historien écrivit l'histoire à quatre-vingt-quatre ans; et Polybe le Mégalopolitain (5) mourut à quatre-vingt-deux ans.

(1) ὁ Ἀργανθώνιος, ου.
(2) οἱ Ταρτησίοι, ων.
(3) ὁ Ἀθηνόδωρος, ου.
(4) *Tournez :* le Tarsien, ὁ Ταρσεὺς, έως.
(5) ὁ Μεγαλοπολίτης, ου.

THÈME XXXI.

ADJECTIFS.*

Anacharsis.

Le Scythe Anacharsis n'avait pas une sagesse orgueilleuse, ni un air austère ; mais il avait des mœurs pures, une vie réglée, un esprit saint, une âme pieuse. Il fréquenta les philosophes les plus célèbres ; il parcourut toute la Grèce ; mais il ne trouva pas une sagesse solide : il vit partout des hommes paresseux, vains, querelleurs, irascibles, gourmands, enflés d'orgueil, usurpant le nom respectable de la vertu et cachant *sous ce nom* les mœurs les plus dépravées. Il rencontra *enfin* Myson (1) homme obscur. Myson était un homme vertueux ; il gouvernait bien *sa* maison ; il élevait sagement *ses* enfans, et il était heureux. Anacharsis ayant trouvé la véritable sagesse, ne chercha plus une philosophie mensongère.

THÈME XXXII.

L'Hercule des Gaulois.

Les Gaulois donnent à Hercule le nom d'Ogmius (2) et représentent le dieu sous une forme

---

* (*Méth.*, Chap. III, § 21, 22, 23, 24.)

(1) ὁ Μύσων, ωνος.

(2) ὁ Ογμιος, ου.

étrange(1). Il est vieux, chauve, ridé et très noir, comme sont les vieux matelots; il a cependant le costume de l'Hercule grec; il porte une peau de lion, il a une massue, et la main gauche montre un arc tendu. Ce vieil Hercule traîne *après lui* beaucoup d'hommes, tous enchaînés par les oreilles. Les liens sont de petites chaînes semblables aux colliers les plus beaux. Le peintre a percé la bouche d'Hercule, et a suspendu les chaînes à la langue du dieu; mais les captifs ne résistent pas, ils ne songent pas à la fuite; mais ils sont gais, joyeux et semblent suivre le dieu volontairement.

THÈME XXXIII.

SUITE.

J'admirais le tableau et je ne comprenais pas l'intention du peintre. *Alors* un philosophe Gaulois voyant mon embarras s'approcha et *me* dit : Etranger, je vais vous expliquer (2) l'énigme du tableau. Le dieu de l'éloquence chez (3) les Gaulois n'est pas Mercure; mais Hercule, dieu plus puissant. Hercule est un vieillard; en effet l'éloquence est parfaite seulement dans la vieillesse. Les jeunes gens sont encore ignorans; les vieillards sont plus sages. Ainsi la langue du vieux Nestor dis-

(1) *Tournez* : Ils peignent la forme étrange du Dieu.
(2) *Tournez* : J'expliquerai.
(3) Chez, παρὰ, *dat.*

tille le miel le plus doux. Hercule était, comme nous le croyons, un vieillard très sage et très éloquent. L'éloquence du dieu entraînait les hommes et lançait des traits vifs, justes et rapides.

THÈME XXXIV.

Sur la vie humaine.

Les hommes ont une vie très courte : mortels et faibles ils possèdent un corps périssable ; ils sont soumis aux maux les plus tristes. Les maladies les plus cruelles surviennent ; la goutte, les fièvres poursuivent l'homme malheureux. Mais des douleurs plus grandes et plus terribles troublent le repos de l'âme : l'avarice aveugle, l'ambition effrenée, les vices les plus honteux s'emparent de l'homme (1). La maladie de l'âme enfante tous les crimes. Ajoutez maintenant (2) les inondations, les excès du froid, de la chaleur, la peste, la famine et une multitude infinie d'accidens. Telle est la vie humaine.

THÈME XXXV.

Sur l'Histoire.

La connaissance de l'histoire est très utile, elle est une source de bonheur ; elle donne aux jeunes

(1) *Tournez :* Possèdent l'homme.
(2) *Tournez :* Et encore sont les inondations...

gens une haute prudence, elle double l'expérience des vieillards. Elle rend les particuliers dignes du commandement, et les généraux immortels. Elle encourage les hommes vertueux ; elle effraie les méchans et les plus cruels tyrans. Enfin l'histoire excite les fondateurs des villes, elle forme les bons législateurs, elle invente les arts : elle est la bienfaitrice du genre humain.

THÈME XXXVI.

RAPPORT DE L'ADJECTIF AVEC DEUX NOMS.*

PHRASES DÉTACHÉES.

Le cheval et l'âne utiles. Le loup et le chien ennemis. Le lion et l'éléphant sauvages. La colombe et la brebis paisibles. Le général et le soldat courageux. Le père et la mère chéris. La mère et le fils malheureux. Le vieillard et la jeune fille timides. L'été et l'hiver nécessaires. La montagne et le rocher escarpés. La fraude et le crime honteux. La colère et la haine dangereuses. La nuit et l'enfer ténébreux.

---

* (*Méth.*, § 22, 23, 24, 25.)

THÈME XXXVII.

ADJECTIF SÉPARÉ DE SON SUJET PAR UN VERBE *

Sur la Pauvreté.

Les Grecs les plus vertueux vivaient pauvres, mouraient pauvres, et étaient réputés très heureux. Aristide fils de Lysimaque, surnommé le juste, parut toujours très vertueux, et procura aux Athéniens de grandes richesses ; mais lui-même vécut et mourut très pauvre. Epaminondas, fils de Polymnis (1), vécut pauvre. Le général des Thébains avait un seul manteau, et ne possédait aucun esclave. Un jour les députés du grand Roi lui apportèrent des présens; mais ils s'en allèrent confus, et Epaminondas préféra une honnête pauvreté à une richesse honteuse.

THÈME XXXVIII.

Sur le Travail.

Une bonne terre négligée devient stérile; mais un sol pierreux et ingrat bien cultivé porte bientôt des fruits excellens. Un arbre abandonné devient sauvage; mais la culture le rend beau et fertile (2). Les chevaux dressés deviennent obéissans

---

* (*Méth.*, § 26.)

(1) ὁ Πολύμνις, ιδος.

(2) *Tournez* : Mais soigné il est rendu beau et fertile

aux cavaliers, et d'autres restés sauvages sont indociles et fougueux. Nous voyons les animaux les plus féroces devenir (1) apprivoisés. En effet l'éducation corrige les vices du naturel, mais la paresse corrompt les bonnes qualités.

ADJECTIFS NEUTRES CONSTRUITS AVEC UN SUBSTANTIF MASCULIN OU FEMININ. *

THÈME XXXIX.

Sur l'Homme.

L'homme est faible et malheureux; mais l'intelligence de l'homme est admirable; elle surmonte tous les obstacles; elle triomphe de tous les animaux. Le cheval est très léger, et il aide l'homme : le chien est belliqueux et brave, et il garde l'homme : le bœuf est vigoureux, il obéit a l'homme : l'éléphant est le plus redoutable et le plus grand des animaux, et il est devenu le jouet de l'homme, et il apprend à former (2) des danses.

THÈME XL.

Sur les Animaux.

Chaque espèce d'animaux a un caractère particulier. Le bœuf est calme; l'âne est paresseux;

(1) *Tournez* : Devenus.

* (*Méth.*, § 27.)

(2) *Tournez* : Il apprend les danses.

le cheval est vif; le loup est indomptable; le renard est rusé; le cerf est timide; la fourmi est laborieuse; le chien est reconnaissant et fidèle à l'amitié. Le lion, comme un tyran des animaux, vit seul et ne connaît pas la société; la panthère est impétueuse et cruelle; la nature de l'ours est lente; il a un caractère caché, un corps pesant, mal conformé et convenable à un animal casanier et endormi.

THÈME XLI.

Sur la Vertu.

La vertu seule est stable, immortelle et divine La noblesse est belle; mais elle est un bien des ancêtres. La richesse est précieuse; mais elle est un don de la fortune. La gloire est désirable, mais elle est inconstante; la fortune est aveugle, méprisable, imprudente; cependant les coups de la fortune troublent souvent la vertu; souvent la calomnie abat l'homme de bien. Mais Dieu confond les calomniateurs, et la vertu paraît plus pure et plus belle. Ainsi les nuages obscurcissent souvent le soleil; mais le vent chasse les nuages, et bientôt le soleil reparaît plus brillant.

THÈME XLII.

La Calomnie.

L'ignorance est terrible, elle est la cause de beaucoup de maux; elle cache la vérité, elle couvre la vie de ténèbres; aussi a-t-elle fourni (1) déjà aux poètes tragiques mille sujets de tragédies. Mais la calomnie est plus terrible, plus dangereuse; elle produit des résultats plus tristes et plus tragiques; elle empoisonne la vie et détruit la paix (2); elle est insidieuse, et surtout grande ennemie (3) de l'amitié. Elle se glisse en secret et attaque l'homme faible. La calomnie est une espèce de haine implacable: les bienfaits peuvent adoucir des ennemis, mais les services rendus irritent davantage le calomniateur. Jamais les chagrins, jamais le mécontentement ne manquent au calomniateur. Avec lui (4) aucune action n'est louable; il flétrit la vie la plus illustre, les succès les plus brillans.

---

(1) *Tournez :* Elle a fourni.

(2) *Tournez :* Elle est la perte de la vie, le fléau de la paix.

(3) *Tournez :* Très-ennemie.

(4) *Tournez :* Chez lui παρὰ, *dat.*

THÈME XLIII.

ADJECTIFS EMPLOYÉS COMME SUBSTANTIFS, SE METTANT AU MASCULIN.*

L'Ambition.

Les pauvres et les riches, les petits et les grands désirent la gloire. Ils appellent méprisables et malheureux, les avares, les gourmands, les ivrognes; mais au contraire ils louent les ambitieux. Cependant souvent un seul poisson rassasie le gourmand et une mesure de vin de Thasos satisfait l'ivrogne; mais l'ambitieux, comme un insensé, détruit et renverse les villes et les royaumes : comme les frénétiques, il est toujours inquiet. il traîne une vie malheureuse, il est soumis aux autres, il est l'esclave du peuple et du premier venu.

THÈME XLIV.

ADJECTIFS EMPLOYÉS COMME SUBSTANTIFS SE METTANT AU NEUTRE.**

Sur la pensée de la Mort.

Les yeux malades évitent la lumière et cherchent les ténèbres; ainsi une âme affaiblie ne sup-

* (*Méth.*, § 28.)

** Cette règle est très-usitée en grec; souvent même on l'emploie plus élégamment pour traduire un substantif français. Ainsi *les ténèbres*, *τὸ σκοτεινόν*. *La mollesse*, *τὸ τρυφηρόν*. *La fierté*, *τὸ γαῦρον*, etc.

(*Méth.*, § 28.)

porte pas le vrai; elle aime le faux. Le plaisir amollit l'âme; mais la pensée de la mort affermit le courage (1). Alors l'homme reconnaît tout le mensonge, tout le vide, tout le néant des opinions humaines. Il ne craint plus l'incertitude de la fortune, les douleurs de la maladie; malheureux, il s'élève contre les revers, il se met au-dessus de la pitié et du mépris (2), il conserve toujours de la fierté, de la hauteur, il méprise tous les maux de la vie; il vit et il meurt content.

THÈME XLV.

Sur la Lecture.

Un bon livre est semblable à une couronne d'or: il renferme l'utile et l'agréable. Le livre seulement agréable est bientôt oublié; car le plaisir de la lecture passe vite et l'homme instruit rejette tout le vide, tout le superflu du style; il recherche le fruit seul, il imite les abeilles. Les abeilles ne se hâtent pas de composer un ouvrage éphémère et inutile; mais souvent, traversant dans leur vol (3) des prairies de violettes, de roses et d'hyacinthes, elles cherchent le thym le plus aigre et le plus piquant, et font ainsi le miel le plus doux.

---

(1) *Tournez :* Fait l'homme plus hardi.

(2) *Tournez :* Il fuit entièrement le pitoyable et l'abaissé.

THÈME XLVI.

Zeuxis.

Le fameux Zeuxis ne représentait pas des choses vulgaires et communes; mais il inventait toujours quelque chose *de* nouveau. Il peignit la femelle d'un centaure nourrissant deux petits centaures très-jeunes. L'art était admirable: et en montrant ces choses, Zeuxis pensait frapper d'étonnement (1) tous les Athéniens. Les spectateurs louèrent beaucoup la nouveauté de l'idée; mais ils ne firent pas attention à la perfection du tableau. Alors Zeuxis irrité cria à *ses* élèves : pliez et emportez le tableau, ces gens admirent les moindres choses, et ils ne font pas cas des plus grandes.

THÈME XLVII.

ADJECTIFS CONSTRUITS ENSEMBLE, ET DONT LE Ier SE TOURNE PAR UN ADVERBE.*

Le Vrai Sage.

Le vrai roi commande à ses passions; il a l'esprit libre, et fuit les faux plaisirs. Le tyran est esclave de la colère, de l'ambition, de tous les vices. Le vrai sage possède la vertu et la justice;

---

(1) *Tournez* : Devoir frapper.

* (*Méth.*, § 295.)

il attaque les vices; mais il pardonne aux coupables. Comme les médecins, il guérit les maladies et il ne punit pas les malades ; il a quitté les richesses, la gloire, les plaisirs, et rejetant toutes les choses humaines, comme Hercule sur l'OEta (1), il monte au ciel purifié par (2) le feu, et il conserve pur le souffle de la divinité.

THÈME XLVIII.

PRONOM DE LA 1re PERSONNE.

Adimante ou les Châteaux en Espagne.

Que je déterre un trésor (3), aussitôt j'ai une maison brillante, j'achète tous les environs d'Athènes, tous les endroits fertiles de la Grèce sont à moi (4). J'aurai une vaisselle d'or, des tables d'or, des lits d'or; je posséderai seulement de l'or; l'argent est méprisable et ne me convient pas. J'aurai une robe de pourpre (5); tous les hommes m'honoreront, me craindront; des amis me supplieront; dès le matin les flatteurs attendront à (6) la porte ; mais sept grands portiers *en* défendront l'entrée.

---

(1) Sur l'OEta, ἐν τῇ Οἴτῃ.

(2) Par, ὑπὸ *gén.*

* (*Méth.*, Chap. IV, *sect. I*, § 31, 32, 33, 34.)

(3) *Tournez :* Qu'un trésor soit déterré à moi. *On mettra le verbe au présent ou au parfait de l'impératif passif.*

(4) *Tournez :* De moi.

(5) *Tournez :* Une robe de pourpre sera à moi.

(6) A, πρὸς, *dat.*

THÈME XLIX.

SUITE.

Mais moi je paraîtrai comme le soleil; je ne regarderai pas les riches et j'accueillerai bien les pauvres. Les riches étoufferont *de rage en* voyant les voitures, les chevaux, les beaux esclaves d'Adimante. J'aurai du vin d'Italie, de l'huile d'Espagne, du miel de l'Hymette, des oiseaux du Phase, des paons de l'Inde, des coqs de Numidie. Les riches *comparés* à moi (1), seront des Irus, des mendians. Je distribuerai de l'argent, je donnerai cent drachmes aux citoyens, cinquante aux étrangers. Je construirai des théâtres, des bains publics et j'embellirai toute la ville.

THÈME L.

PRONOM DE LA IIe PERSONNE.

Les Usuriers.

Les chiens reçoivent et s'adoucissent (2); l'usurier reçoit et est encore plus avide; il demande toujours davantage. Il ne vous croit pas, il vous couvre de honte, il vous outrage devant (3) des

(1) *Tournez* : Vis-à-vis de moi, πρὸς, *acc.*

(2) *Tournez :* Les chiens recevant sont adoucis; l'usurier recevant est excité.

(3) Devant, ἐπὶ, *gén.*

amis, il vous persécute ouvertement, et vous rend la vie insupportable. Mais, dites-vous, je n'ai aucun autre moyen d'avoir de l'argent (1). Mais l'usure ne vous délivre pas de la pauvreté, elle ajourne un peu les besoins. N'empruntant pas, vous serez également pauvre, mais personne ne vous fera de reproches, personne ne vous poursuivra, personne ne vous emprisonnera. Ayant emprunté, vous deviendrez plus pauvre, et tout le monde vous adressera des reproches.

THÈME LI.

PRONOMS EXPRIMÉS POUR DONNER PLUS DE FORCE A LA PHRASE.*

Ménécrate.

Le médecin Ménécrate (2), surnommé Jupiter, était très-orgueilleux. Il envoya un jour à Philippe, roi de Macédoine, une lettre ainsi conçue (3) : « Ménécrate Jupiter à Philippe, salut : Vous commandez à la Macédoine, moi je suis le Roi de la médecine. Vous pouvez faire mourir les hommes bien portants; moi je peux guérir les malades. Les Macédoniens vous accompagnent, et moi les malades me suivent; car moi, Jupiter, je procure la vie aux hommes. » Philippe ré-

(1) *Tournez* : Mais aucun autre moyen d'argent n'est à moi.

* (*Méth.*, § 35, 36.)

(2) ὁ Μενεκράτης, ους.

(3) *Tournez* : Telle.

pondit : « Philippe à Ménécrate, santé. Je te conseille d'aller à Anticyre (1) *.

THÈME LII.

A un favori disgracié.

Je vous disais continuellement : les richesses sont fugitives, mais vous ne m'écoutiez pas. Je vous disais : la fortune est aveugle; vous ne vouliez pas me croire. Et aujourd'hui, vous l'avouez, la fortune est non-seulement fugitive et aveugle, elle est encore meurtrière; elle vous a renversé, elle vous a perdu. Les flatteurs vous trompaient, et moi je vous aimais. Aujourd'hui les esclaves, les flatteurs ont fui, ils ont renié *leur* amitié; mais nous, nous ne faisons pas de même (2), nous ne vous insultons pas, et même maintenant nous prenons soin de vous. Persécutés nous vous avons reçu, et cet essaim d'amis vous a trahi et vous a perdu.

THÈME LIII.

Le Pauvre et les Riches.

Riches, vous me méprisez, et moi j'ai pitié de vous. Vous avez besoin de tapis, de tables somp-

(1) Ἡ Ἀντίκυρα, ας.

* C'est dans cette île que croissait l'hellébore dont on se servait alors pour guérir la folie.

(2) *Tournez :* Ainsi.

tueuses; pour moi, la terre m'offre un lit suffisant (1); la nourriture la plus vile me convient le mieux. Vous possédez beaucoup de talens d'or et d'argent; moi je dédaigne les richesses. Je peux souffrir le froid et supporter la chaleur; mais vous, vous n'êtes jamais contens. Vous vous plaignez de tout; vous ne voulez pas supporter le présent, vous désirez l'avenir; tantôt vous souhaitez l'été, tantôt l'hiver; comme les malades, vous êtes toujours mécontens et chagrins.

THÈME LIV.

PRONOMS DE LA IIIe PERSONNE.*

L'Enfant et l'Aigle,

Un enfant, grand ami des oiseaux (2), prit un jeune aigle, et il lui donnait toute espèce de soins. Il ne le nourrissait pas comme un amusement, mais comme un jeune frère. L'aigle le suivait, jouait avec lui (3), et le temps rendit leur amitié plus étroite (4); mais un malheur la troubla bientôt. L'enfant tomba malade, l'aigle restait près de lui, il le gardait, le caressait. L'enfant quitta la vie; alors même l'aigle ne l'abandonna

---

(1) *Tournez*: La terre est à moi un lit suffisant.

* (*Méth.*, § 32, 33, 34.)

(2) *Tournez*: Fortement ami des oiseaux.

(3) Jouer avec; *συμπαίζω*, *fut.* *ίσω*, *dat.*

(4) *Tournez*: Les conduisit dans une amitié plus solide.

pas, il ne l'oublia pas; mais il l'accompagna jusqu'au tombeau, et il se précipita dans le bûcher.

THÈME LV.

Arcésilas ou les deux amis.

Le bienfait d'un ami n'a rien *de* fastueux. Souvent un ami aide un ami en secret, il le soigne, il s'occupe de lui à son insçu (1). Tel était Arcésilas. Instruit de la pauvreté et de la maladie d'Apelle de Scio, il revint apportant vingt drachmes, et s'étant assis près de lui, il lui dit: Vous n'êtes pas bien couché; et en même temps, soulevant l'oreiller, il glissa la somme et partit. Une vieille servante trouva l'argent, et étonnée, elle le montra à Apelle; mais Apelle riant: voici, dit-il, un tour d'Arcésilas.

THÈME LVI.

Cyrus.

Les Perses admirent Cyrus, ils lui donnent le nom de bienfaiteur et de père. Moi je ne les blâme pas; car Cyrus leur a procuré une grande gloire; il leur a donné de grands trésors et la possession de vastes contrées. Mais les autres peuples de l'Asie l'appelaient tyran; et les Mèdes le haïssaient.

---

(1) *Tournez :* Il s'occupe de lui ignorant.

Astyage gémissait prisonnier ; le feu de la guerre dévorait tout ; les peuples vaincus lui payaient des impôts exorbitans ; et Cyrus était un bon roi seulement pour les Perses (1).

THÈME LVII.

Le philosophe Polémon.

Polémon encore jeune était débauché ; les plaisirs l'avaient corrompu et lui avaient ôté toute honte. Le malheureux parcourait la place publique, ivre, insultant tout le monde. Un jour étant entré dans la maison de Platon, il essaya d'abord de troubler les discours du philosophe ; mais ensuite entendant l'éloge de la vertu et de la tempérance, il jeta *ses* couronnes ; et sortant comme d'un sommeil profond, il rougit *de son état ;* enfin, disant adieu à la volupté, il prit le parti de la philosophie. Platon l'instruisit et le rendit grand philosophe.

THÈME LVIII.

Cléomède.

Beaucoup de fables ridicules montrent la sotte crédulité des anciens. Cléomède (2), disent-ils, était

(1) *Tournez :* Aux Perses.
(2) Ὁ Κλεομήδης, ου.

d'une force et d'une taille extraordinaires ; il était emporté et furieux et il commit beaucoup d'actes de violences. Enfin étant entré dans une école, il frappa une colonne soutenant le toit, la brisa et renversa la maison. Les enfans furent écrasés, et les parens poursuivirent Cléomède. Celui-ci se réfugia dans un grand coffre, et ayant fermé le couvercle il le retenait en dedans. Personne ne put l'ouvrir; enfin ayant brisé le coffre, les habita ne purent trouver Cléomède ni mort ni vif.

THÈME LIX.

Coriolan.

Coriolan exilé va chez (1) les Tyrrhéniens (2) et les excite à la guerre. Les Tyrrhéniens le croyent et le nomment général. Coriolan vainquit souvent les Romains; enfin il assiége la ville. En vain les prêtres vinrent le *supplier;* Coriolan irrité les renvoya. Les dames romaines vont au devant des ennemis armés ; Véturie (3) mère de Coriolan les conduisait. Elles tombent aux pieds de Coriolan et lui adressent des prières. Tels étaient les derniers mots de *cette* prière : tue ta mère et toutes les femmes Romaines. Coriolan fut attendri, il versa des larmes, et se réconcilia. La réconcilia-

---

(1) Chez, *πρὸς*, *acc.*
(2) Οἱ Τυῤῥηνοὶ, ῶν.
(3) Ἡ Οὐετουρία, ας.

tion était un acte de piété (1); mais elle fut fatale à Coriolan; car les Tyrrhéniens le tuèrent comme traître.

THÈME LX.

PRONOMS RÉFLÉCHIS.*

Connais-toi toi-même.

Fais attention à toi-même; examine-toi, observe-toi. Des filets cachés t'environnent de toutes parts; les passions te tourmentent; fais donc attention à toi-même; méprise la beauté, les plaisirs, les richesses, la gloire et la puissance; mais connais-toi toi-même, orne ton âme, efface toutes les taches du vice. Examine-toi; méprise le corps, car il passe; occupe-toi de l'âme, elle est immortelle (2). Observe-toi avec un grand scrupule; donne au corps la nourriture et les vêtemens; et apprends à l'âme à s'exercer à la vertu et à se corriger de ses vices (3).

THÈME LXI.

Le Paon.

Dans la saison du printemps le paon dresse la queue, et la déployant au soleil, il se tourne, se

(1) *Tournez* : Etait pieuse.

* (*Méth.*, § 37-43.)

(2) *Tournez* : Chose immortelle.

(3) *Tournez* : Donne à l'âme l'exercice de la vertu, et la correction des vices.

promène, se rengorge et se montre comme au milieu (1) d'un théâtre magnifique ou d'un ciel parsemé d'étoiles. Le soleil le rend encore plus digne d'admiration, car alors les couleurs changent et prennent un autre genre de beauté. L'azur devient or; les plumes lancent (2) des espèces de rayons, et le paon immobile se présente au milieu comme dans une pompe solennelle. Quelquefois se secouant les plumes il fait entendre un bruit agréable, comme *celui* d'un vent léger agitant une épaisse forêt.

THÈME LXII.

Pyrrhus.

Pyrrhus roi d'Épire était un grand homme; mais corrompu par (3) les flatteurs il croyait ressembler au fameux Alexandre. Pyrrhus était ainsi disposé, il pensait ainsi de lui-même et personne n'osait lui dire le contraire. Mais une vieille femme étrangère lui dit la vérité et le guérit de *sa* folie. Pyrrhus lui ayant montré le portrait de Philippe, de Perdicas, d'Alexandre, de Cassandre et d'autres rois, lui demanda à qui il ressemblait. La vieille femme ayant hésité long-temps répondit : au cui-

(1) *Tournez :* Il place autour de lui comme un théâtre...
(2) *Tournez .* Comme des rayons sont dans les plumes.
(3) Par, ὑπὸ, *gén.*

sinier Batrachion (1). En effet il y avait (2) un certain cuisinier, nommé Batrachion, ressemblant à Pyrrhus.

THÈME LXIII.

Démonax.

Démonax le Cyprien, se jugeant digne des plus grandes choses, s'appliqua à la philosophie, et s'y livrant tout entier, il mena une vie réglée et irréprochable ; il montra en lui le modèle de toutes les vertus. Jamais il ne parut en colère ; il avait coutume de dire : commettre des fautes est *le propre* de l'homme ; mais corriger les erreurs est *le propre* de Dieu ou d'un homme semblable à Dieu. Des Anytus (3) et des Mélitus (4) l'accusèrent comme autrefois Socrate. Démonax se défendit très-courageusement. Les Athéniens étonnés devinrent plus modérés et commencèrent à l'honorer et à le respecter ; plus tard ils le regardèrent comme quelque génie supérieur.

---

(1) Ὁ Βατραχίων, ωνος.

(2) *Tournez :* Un certain cuisinier était.

(3) Ὁ Ἄνυτος, ου.

(4) Ὁ Μέλιτος, ου.

THÈME LXIV.

L'amour propre.

Tout homme s'aime lui-même, dit le proverbe : cependant l'amour-propre est un très-grand mal ; chacun pourtant se le pardonne (1) et ne cherche pas à l'éviter. Un amour excessif de soi-même est chaque jour la cause de toutes les fautes. En effet, l'homme alors est aveuglé, il juge mal les choses justes et bonnes, il se préfère toujours à la vérité. Mais le grand homme ne s'aime jamais trop; il se connaît lui-même, il n'ignore pas les défauts de la nature humaine, mais il recherche seulement la justice et *en* renvoie à Dieu toute la gloire.

THÈME LXV.

L'homme en colère.

L'homme en colère n'est pas maître de lui-même; il ne se connaît pas, il ne connaît plus personne; il attaque tout le monde, il heurte tout, il parle sans suite (2), il frappe, il menace, il jure, il crie; il n'a plus le secours de la raison; il se nuit, il se dit des injures à lui-même. Il ne respecte pas les cheveux blancs, ni les vertus, ni

(1) *Tournez :* Se le pardonnant.

(2) *Tournez :* Dit des choses inconsiderées.

les liens du sang. La colère est une courte folie, et souvent la mort en est la suite. Souvent l'homme en colère se précipite dans des malheurs évidens, *en* s'oubliant lui-même. L'homme en colère montre en lui-même la ruse, le soupçon, la perfidie, l'audace, enfin tout l'essaim des vices. Il attire sur lui tous les malheurs ; il oublie la parenté, fait naître les guerres, se rend coupable de tous les maux (1).

THÈME LXVI.

Faux Pronoms.

ADJECTIFS POSSESSIFS DE LA 1re PERSONNE.*

La Résurrection.

Un jour mon corps sera dissous et détruit ; mais mon âme, image glorieuse de la divinité, quittant la vie comme une prison ténébreuse, et secouant *ses* entraves, contemplera le vrai beau et sentira un plaisir étonnant. Ensuite Dieu ressuscitera ma chair, il ranimera mon corps ; et comme l'âme a partagé les maux du corps, ainsi le corps partagera les plaisirs de l'âme.

---

(1) *Tournez :* Il introduit en lui tous les maux, l'ignorance de la parenté, le commencement de guerre, et les choses le plus honteuses.

* (*Méth.*, Chap. IV, *Sect. II*, § 44, 45, 46, 47.)

THÈME LXVII.

Le bon Roi.

L'éloquence et les muses louent les vertus de notre roi : nos villes sont heureuses et riches ; nos affaires sont florissantes (1). La guerre et la révolte errent loin de nos contrées ; les marchands parcourent la mer sans danger, la terre est cultivée soigneusement ; l'épée est changée en soc ; la divinité bienveillante protège nos travaux. Gouverne toujours l'empire, roi chéri ; les villes te tressent des couronnes, et te consacrent des inscriptions ; les mères te bénissent, les citoyens t'admirent et te révèrent, et les poëtes te chantent des hymnes.

THÈME LXVIII.

ADJECTIFS POSSESSIFS DE LA IIe PERSONNE.

Sur l'Homme.

Homme, examine ta nature : tu veux être athlète, ou lutteur ? regarde tes bras, connais la force de tes cuisses et de tes reins. Tu veux être philosophe ? Il faut veiller, travailler, être méprisé, avoir le dessous en tout, dans les honneurs, les charges, dans toutes les affaires. En échange tu recevras la

(1) *Tournez :* La paix fleurit sur nos affaires.

liberté, la tranquillité de l'âme, et le bonheur. Alors obéissant à ta raison, tu laisseras les choses du dehors, tu songeras seulement à tes propres affaires et tu embelliras ton âme de vertus.

THÈME LXIX.

A un Riche.

Insensé, tu es fier de ta richesse, de ta beauté; tu te glorifies de tes ayeux, tu vantes ta patrie; tu as une foule de flatteurs, un cortége d'amis, un essaim de parens. Mais tu ne songes pas au dernier moment, tu oublies ta nature : regarde le monde entier; la mort menace tous les êtres, rien ne dure éternellement. Une nuit, une fièvre t'emportera; alors tu verras ton abandon, alors tu sentiras ton imprudence, alors tu gémiras de ta folie; mais personne ne te secourra; vivant tu avais beaucoup d'amis, mourant tu es seul et pécheur.

THÈME LXX.

ADJECTIFS POSSESSIFS DE LA IIIe PERSONNE.*

Le Crabe et l'Huître.

Le crabe est ennemi de l'huître, il en aime la chair; mais cette proie est difficile à prendre; car la nature a protégé la délicatesse de l'huître par

---

(*Méth.*, § 47, 48, 49, 50.)

un rempart inexpugnable ; deux coquilles bien fermées la défendent ; les serres du cancre deviennent nécessairement impuissantes. Mais connaissez sa ruse : l'huître ouvre ses coquilles aux rayons du soleil ; alors le crabe jette doucement un petit caillou, et empêchant ainsi la réunion des coquilles, il prend aisément l'huître, et répare ainsi par son adresse son manque de forces.

THÈME LXXI.

Dieu.

Les cieux racontent la gloire de Dieu ; les anges louent sa puissance, toute la création célèbre son Créateur; les hommes dignes de pitié quittent leurs maisons, et songent seulement à leurs affaires; ils sont sourds à la voix de Dieu, ils ne prennent pas connaissance de leur nature, ils ne s'affligent pas, ils ne tremblent pas ; mais ils rient, ils font de la maison de prières un lieu de conversation. Non-seulement ils ne proclament pas la gloire de Dieu ; mais ils troublent les autres, *en* attirant sur eux leurs regards.

THÈME LXXII.

Alceste.

Alceste, fille de Pélias (1), se livra à la mort au lieu d'Admète son mari; Hercule l'arracha à l'enfer et la rendit à Admète. Mais voici la véritable histoire. Acaste (2) fils de Pélias poursuivait ses sœurs pour venger (3) la mort de son père; Alceste fuit vers son cousin Admète. Acaste ayant rassemblé une armée, redemande sa sœur; il assiége la ville, prend Admète vivant et menace de le tuer. Alceste apprenant *ce* malheur, se livre et sauve Admète. Alors Hercule survenant attaque Acaste, détruit son armée, distribue les dépouilles à ses propres soldats, et rend Alceste à Admète.

THÈME LXXIII.

Julien.

L'empereur Julien n'affichait pas ouvertement l'impiété: mais il cachait la persécution sous une apparence de modération, et comme le serpent malin, il entraînait par toute espèce de moyens les malheureux dans son abîme. Sa première ruse,

---

(1) Ὁ Πελίας, ου.
(2) Ὁ Ἄκαστος, ου.
(3) *Tournez :* Devant venger.

son premier artifice était de châtier et de flétrir les chrétiens comme des scélérats; car il leur enviait même l'honneur. Sa seconde *ruse* était de donner à sa conduite le nom de persuasion et non de tyrannie. Il cherchait *à* les séduire par les richesses, les dignités, les promesses, par le charme de ses discours et par son propre exemple. Mais les chrétiens détruisaient aisément toutes les subtilités de ses discours ; et repoussant tous ses efforts, ils proclamaient hautement le nom du Christ.

THÈME LXXIV.

La Mouche.

La mouche a les ailes extrêmement fines ; son vol est léger, son bourdonnement est agréable, il n'a pas le murmure grave des abeilles, ni le son effrayant des bourdons. Sa tête est mince, ses yeux sont proéminens, son ventre ressemble à une cuirasse, il est couvert (1) de larges bandes et d'écailles. Elle est la compagne de l'homme et son commensal. Elle montre souvent une grande intelligence : elle fuit l'araignée, son ennemie, elle l'observe, elle évite ses piéges. Elle blesse le bœuf et le cheval ; elle inquiète l'éléphant *en* se glissant dans les plis de sa peau, et *en* le piquant de sa trompe.

(1) *Tournez* : Il a.

THÈME LXXV.

Bienfaits de la Nature.

L'homme a reçu une âme intelligente : sa pensée connaît Dieu ; sa raison explique la nature des êtres, et il recueille les plus doux fruits de la sagesse. Tous les animaux (1) sont ses esclaves, ils lui sont tous soumis. Il a inventé les arts ; il a bâti les villes. Avec la raison (2) il traverse les mers ; la terre fournit à son existence. Le ciel et les chœurs des astres lui dévoilent leurs merveilles et l'environnent de beautés ineffables. Le soleil dans sa course rapide lui prête sa lumière ; la lune l'éclaire de son flambeau ; et la terre lui procure toutes les choses nécessaires à sa nourriture.

THÈME LXXVI.

La Piété filiale.

Une éruption de l'Etna enveloppa une ville de Sicile. Les habitans fuyaient précipitamment, occupés de leur salut ; ils abandonnaient leurs parens, et emportaient seulement leurs richesses. Mais un jeune homme voyant son père déjà vieux

(1) *Tournez :* Tout animal.

(2) *Tournez :* Par la raison, διὰ, *acc.*

et ne pouvant se sauver, le prit et l'emporta. Bientôt le feu les surprit ; mais la Divinité est bienveillante pour les hommes de bien ; le feu enveloppa l'endroit ; mais il ne toucha ni le père ni le fils, et seuls ils furent sauvés.

THÈME LXXVII.

Job.

Job (1) supporta courageusement tous les malheurs. Cependant son cœur n'était pas de diamant ; ses entrailles n'étaient pas d'airain. Ses dix enfans périrent en un court espace de temps ; il vit sa table souillée de sang ; il vit sa maison détruite ; ses amis lui faisaient des reproches amers, sa femme le maudissait, et cependant il ne gémit pas, il ne s'arracha pas les cheveux, il ne prononça pas une parole indigne de lui ; mais il fit entendre cette célèbre action de grâces : le Seigneur a donné, le Seigneur a ôté ; que son nom soit béni (2).

---

(1) ὁ Ἰὼϐ, *indécl.*

(2) *Tournez le* que *par* l'optatif.

THÈME LXXVIII.

Sur les Animaux.

Tous les animaux ont un instinct naturel conservateur de leur vie (1) ; ils saisissent rapidement les choses présentes, et se rappellent la plupart exactement le passé. Le bœuf connaît son possesseur ; l'âne connaît son étable ; le cheval connaît la voix de son maître, il connaît sa route et quelquefois il devient le guide de son maître égaré. Le hérisson creuse deux issues à sa retraite et se ménage ainsi un moyen de fuite. Le chien n'a pas la raison en partage ; mais il a une intelligence équivalente. Sa reconnaissance couvre de honte tant (2) d'hommes ingrats. Souvent des chiens sont morts sur le cadavre de leurs maîtres assassinés dans une solitude ; quelques-uns ont servi de guides pour découvrir (3) les meurtriers.

---

(1) *Tournez :* Un soin de leur propre vie naturel et non appris est à tous les animaux.

(2) *Tournez :* Beaucoup.

(3) *Tournez :* A ceux cherchant les meurtriers.

THÈME LXXIX.

SUITE.

Chaque animal porte l'empreinte de la sagesse de son auteur. Dieu leur créateur a compensé le manque de raison par des sens plus délicats. L'agneau sortant de l'étable connaît la voix de sa mère, il cherche ses mamelles, il passe indifférement à côté d'autres mamelles gonflées de lait. La mere reconnaît son agneau entre mille. Cependant leur bêlement est le même, leur toison est semblable, leur forme est la même ; mais ils ont des sens très-délicats, et avec ce secours (1) ils reconnaissent leurs proches.

THEME LXXX.

Le Chien dénonciateur

Le roi Pyrrhus rencontra un jour *en* voyageant un chien gardant le cadavre d'un homme assassiné ; il ordonna d'enterrer le corps et emmena le chien avec lui. Quelques jours après Pyrrhus passait en revue ses soldats ; et le chien se tenait tranquille auprès de lui. Mais ayant aperçu les meurtriers de son maître, il accourut furieux en

(1) *Tournez : avec eux, μετὰ gén.*

poussant de grands cris (1) ; il aboyait souvent et se retournait vers Pyrrhus. Le roi fut frappé de son acharnement ; et il commença à soupçonner ces soldats. Ayant été arrêtés aussitôt et interrogés, ils avouèrent leur crime, et en reçurent le châtiment.

THÈME LXXXI.

ADJECTIFS INDICATIFS.*

Diogène.

Les Corinthiens craignant une attaque de Philippe, étaient dans l'agitation (2) et fortifiaient leur ville. Celui-ci préparait ses armes, celui-là apportait des pierres, celui-ci réparait la muraille, celui-là faisait quelqu'autre chose *d'*utile. Diogène voyant cette activité, retrousse son vieux manteau, et roule son tonneau avec un grand empressement (3). Un de ses amis lui demanda la cause de ce travail : et moi aussi, lui répond Diogène, je roule mon tonneau ; car je ne veux pas paraître seul oisif parmi (4) tant de gens occupés.

---

(1) *Tournez :* Avec cris et colère.

* (*Méth.*, *Sect. II*, § 52, 53.)

(2) *Tournez :* Étaient troublés.

(3) *Tournez :* Très-studieusement.

(4) Parmi, ἐν, dat.

THÈME LXXXII.

Lysippe.

Le peintre Apelle et le sculpteur Lysippe étaient favoris d'Alexandre. Celui-ci peignit ce roi parfaitement; celui-là représenta Alexandre regardant le ciel; quelqu'un mit sur la statue ces vers : « Alexandre d'airain regardant Jupiter semble « dire, je mets la terre sous moi, et toi Jupiter « garde l'Olympe. » Lysippe seul imprimait à l'airain le caractere d'Alexandre; les autres voulant rendre la mollesse des yeux de ce prince, ne conservaient pas son air mâle et hardi.

THÈME LXXXIII.

L'ADJECTIF INDICATIF *CELUI*, SUIVI DE LA PRÉPOSITION *DE*, SE REND EN GREC PAR L'ARTICLE.*

Les Sybarites.

Les Sybarites chassèrent les premiers de leur ville les métiers bruyans, comme ceux des forgerons et des charpentiers. Ils ne pouvaient soutenir le chant du coq, et ils supportaient à peine celui du rossignol. Un Sybarite ayant un jour quitté sa ville, vint dans celle des Lacédémoniens; il fut

* (*Méth.*, § 54.)

invité à leur repas, et il dîna avec eux, assis sur (1) un banc de bois : « Autrefois, dit-il, j'ad« mirais la valeur des Lacédémoniens ; mais main« tenant je ne les trouve pas différens des autres. « La mort les délivre de leurs maux, et l'homme « le plus lâche la préfèrerait à une vie aussi aus« tère (2). »

THÈME LXXXIV.

Socrate et les Rhéteurs.

Les Sophistes Gorgias de Léontium, Hippias d'Elée (3) et Prodicus, fleurirent quelque temps dans la Grèce, ils eurent une grande renommée, et ramassèrent beaucoup de richesses. Ils furent les rivaux du sage Socrate ; l'air de ces rhéteurs était hautain, celui de Socrate était doux ; leur art était futil, celui de Socrate était admirable ; leur sagesse était insensée, celle du vieillard athénien était merveilleuse. Socrate recevait tout le monde, il instruisait les jeunes gens, il méprisait les richesses, et cependant la vie de ces Sophistes fut brillante, celle de Socrate fut obscure ; ceux-ci moururent doucement, et Socrate périt dans une prison. Mais aussi les discours de ces Sophistes tant vantés sont oubliés ; ceux de Socrate subsis-

(1) *Tournez :* Sur, *ἐπὶ gén.*

(2) *Tournez :* A une telle vie.

(3) *Tournez :* L'Éléen, ὁ Ἠλεῖος, ου.

tent, et subsisteront toujours; il n'a rien écrit, mais Platon a été son interprète, et le nom de Socrate vivra éternellement.

THÈME LXXXV.

CE, *CECI*, *CELA* ET LES FORMES MODIFIÉES DU PRONOM *LUI*, SE TRADUISENT EN GREC PAR LE NEUTRE DU PRONOM INDICATIF.*

Sur l'Inconstance.

Le changement d'état ne détruit pas la tristesse et le trouble de l'âme. La source des maux est dans le cœur, et l'inexpérience et le défaut de jugement en sont la cause. *C'est* cela *qui* afflige les riches et les pauvres; *c'est* cela *qui* tourmente les hommes mariés et les célibataires; *c'est* pour cela *qu*'ils fuient les assemblées; ensuite ils ne peuvent supporter le repos; *c'est* pour cela *qu*'ils recherchent de l'avancement dans les cours; ensuite ils en sont dégoûtés. Les malades sont toujours mécontens; ils accusent le médecin; un ami vient les voir, sa présence leur déplaît : il s'en va, son absence leur déplaît encore (1); mais la santé revient-elle (2)? elle rend tout doux et agréable. La raison opère en nous ce changement, elle nous rend agréable toute espèce de genre de vie.

---

* (*Méth.*, § 55, 56.)

(1) *Tournez :* L'ami venant est fâcheux, s'en allant il est pesant.

(2) *Tournez :* Ensuite la santé revient, rendant etc.

THÈME LXXXVI.

Sur l'ivresse.

L'ivresse corrompt l'âme, elle en ternit la beauté, elle en détruit la force. La continuité des débauches affaiblit les sens, et l'excès du plaisir détruit le plaisir lui-même. Les hommes adonnés au vin ne peuvent pas lever les yeux au ciel, ni en contempler l'ordre admirable. Ils s'occupent toujours de leurs dîners ; ils y donnent toute leur attention ; ils en dressent les apprêts ; ils y mettent des couronnes ; ils y établissent un roi du festin. Ils cherchent à se (1) surpasser en débauche. Tout est livré à la confusion (2), au désordre. Les vainqueurs et les vaincus sont ivres. La main se refuse à ces excès ; la bouche ne peut plus recevoir, le corps ne peut plus soutenir les assauts de l'intempérance.

THÈME LXXXVII.

MÊME, ET LE MÊME.*

Le Temps.

Le temps change tout : les peuples ne sont plus les mêmes, ils ne conservent plus les mêmes costumes, les mêmes lois : la discipline des armees

(1) *Se*, ἀλλήλους.

(2) *Tournez :* La confusion, le désordre a tout.

* (*Méth.*, § 58, 59.)

n'est plus la même. Les Grecs d'aujourd'hui (1) n'ont plus la même religion ; ils ne parlent plus le même langage, cependant ils habitent la même contrée. Leurs villes mêmes ont changé de nom. Athènes, Sparte, Thèbes, ont été détruites ; leur nom même n'est pas conservé. Des fleuves mêmes disparaissent ; le temps renverse les colonnes d'airain. Partout est l'image de la destruction, partout la pensée de la mort.

THÈME LXXXVIII.

ADJECTIFS INTERROGATIFS.*

Éloge de Césaire.

Saint Grégoire de Nazianze loue ainsi son frère Césaire : qui fut plus fidèle à ses maîtres ? qui fut plus cher à ses camarades ? qui évita davantage la société et la compagnie des méchans ? qui s'attacha mieux à celle des hommes les plus vertueux, les plus célèbres et les plus connus de sa patrie ? qui fut plus honoré des chefs ? qui fut plus aimé de toute la ville ? qui surpassa plus vite tous les jeunes gens par son activité et son intelligence ? qui l'emporta plus sur les vieillards par sa raison ? qui pardonna mieux aux faibles, et fut plus ennemi des fautes ? qui détesta davantage l'orgueil, et aima plus la modestie ?

---

(1) *Σήμερον, adv. indécl.*

* (*Méth.*, § 61, 62, 63.)

THÈME LXXXIX.

Les Oiseaux.

Dans quelle espèce d'oiseaux la nature ne montre-t-elle pas quelque merveille particulière ? qui éveille le coq avant l'aurore ? pourquoi les oies sont-elles *si* vigilantes? autrefois elles sauvèrent le peuple-roi; elles annoncèrent l'approche secrète de l'ennemi prêt à s'emparer de la citadelle de Rome. Qui indique aux corbeaux le carnage et la mort ? pourquoi des milliers de vautours accompagnent-ils les armées ? quelles sont les règles du chant du rossignol ? qui a établi chez les grues les lois de l'hospitalité ? qui leur a inspiré l'amour de leurs parens ?

THÈME XC.

La Concorde.

La concorde est le salut des états. Comme il est doux de voir des citoyens n'ayant (1) qu'une manière d'être, parlant le même langage, ayant la même volonté ! Qui délibère mieux? A qui la prospérité est-elle plus douce ? A qui l'adversité est-elle plus supportable ? A qui arrive-t-il plus rarement des malheurs ? Quelle ville est

(1) *Ne... que,* se tourne par *seulement.*

plus chère à ses habitans ? Quelle cité est plus honorée des étrangers ? Quel état est plus utile à ses amis, plus redouté de ses ennemis ? Quel pays montre un peuple plus puissant ? Tous les yeux y voient les intérêts de l'état, tous les esprits y songent, toutes les voix le conseillent, et Dieu semble n'avoir donné qu'une âme à la ville la plus grande.

THÈME XCI.

A un Avare.

Tu possèdes mille arpens de terre, des montagnes, des plaines, des forêts, des fleuves ; mais cinq pieds de terre (1) t'attendent ; le poids de quelques pierres te suffira. Pour qui donc amasses-tu ces trésors ? A qui laisseras-tu tant de richesses ? A qui la mort a-t-elle fait grâce à cause de ses richesses ? De qui la maladie s'est-elle abstenue à cause de ses trésors ? Tu oublies la justice divine : songe à ton dernier jour, songe à ce tribunal éternel ! Ni tes flatteurs, ni tes richesses ne t'y suivront. Que feras-tu ? quels défenseurs payeras-tu ? quels témoins présenteras-tu ? *Il* n'y a pas là *d'*orateurs, *il* n'y a pas *d'*éloquence. Tes mauvaises actions seules t'environneront.

(1) *Tournez* : Trois coudées.

THÈME XCII.

QUE, *QUOI*, INTERROGATIF.*

Sur la Douleur.

Comme les hommes affligés commettent des actions étranges, comme ils prononcent des paroles ridicules! Un père privé de son fils, dira *en* entrecoupant chacune de ses paroles : « Fils chéri, tu « es mort, tu as été enlevé avant le temps! Qui « me consolera? Qui prendra soin de ma vieillesse? « Qui héritera de ma fortune? Tu es mort, fils in- « fortuné! Toi, l'espérance de la patrie, le rejeton « de parens illustres, tu as été enlevé à la fleur de « l'âge. Qui supporterait indifféremment ce mal- « heur? »

THÈME XCIII.

SUITE.

Supposons maintenant le jeune homme revenant à la vie, et disant à son père : « Que me demandes-tu, mon père? Pourquoi m'appelles-tu malheureux? Quel mal te parais-je souffrir? Que me servent les plaintes de ces femmes? Que me sert cette pierre élevée sur mon tombeau? Cessez vos plaintes,

* (*Méth.*, § 64, 65.)

félicitez-moi au contraire. J'ai échappé aux maladies ; je ne crains plus la fièvre, les ennemis, les tyrans. » En parlant ainsi, ne dirait-il pas des choses fort justes ? Que lui répondrions-nous ? quelle excuse spécieuse pourrions-nous lui donner ?

THÈME XCIV.

ADJECTIFS INTERROGATIFS REMPLAÇANT LE MOT ΤΙΣ.*

Diogène et un marchand d'esclaves.

Le marchand. De quel pays es-tu, mon cher. *Diog.* De tous les pays. — Que dis-tu? — Tu vois un habitant du monde *entier*. — Depuis quand es-tu venu ? — Depuis trois jours. — Mais que sais-tu ? Quel art exerces-tu ? — Je suis le libérateur des hommes, le médecin de leurs maux ; enfin je suis l'interprète de la vérité et de la franchise. — De quelle espèce est cet homme là ? Mais que m'apprendras-tu ? — Je te menerai à la gloire : tu n'auras pas besoin d'instruction, de discours ; j'ai trouvé une route abrégée. — Je n'ai pas besoin de cela. Mais tu pourras dans l'occasion servir de matelot ou de jardinier ; c'est pourquoi je t'achète deux oboles.

---

* (*Méth.*, § 66.)

THÈME XCV.

QUEL MARQUANT EXCLAMATION.*

L'Alcyon.

Quel chant nous a frappés sur le rivage ? Qu'il est agréable à l'oreille ! Quel peut être cet animal harmonieux ? car les habitans de la mer sont muets. — C'est un oiseau de mer, nommé Alcyon. Les hommes rapportent sur son compte une ancienne tradition (1). Alcyon était autrefois une femme, elle était fille du Grec Éole ; elle pleura long-temps la mort de son époux Céyx de Trachinie, et fut changée en oiseau ; maintenant elle parcourt les mers *en* le cherchant. — Quoi ! c'est là l'Alcyon ? Quels sons plaintifs en effet cet animal fait entendre ! Mais de quelle grandeur est-il ?

THÈME XCVI.

SUITE.

Cet oiseau n'est pas grand : cependant il a reçu des dieux un grand honneur pour son amour conjugal. Pendant sa couvée, le monde jouit même

* (*Méth.*, § 67, 68, 69.)

(1) *Tournez :* Un ancien discours a été rapporté aux hommes sur elle.

dans la saison des orages de ces jours appelés Alcyonides comparables aux plus beaux temps, et ce jour-ci en est un. Que le ciel est pur maintenant ! Que la mer est calme et paisible ! Comme elle ressemble à un miroir! —Vous avez raison (1); ce jour est un des Alcyonides; celui d'hier en était aussi. Mais, il y a trois jours, quelle tempête nous avons éprouvée ! Quel vent impétueux soufflait ! Comme les éclairs, les tonnerres étaient effrayans ! Ensuite le temps est devenu d'une sérénité étonnante, grâce à l'Alcyon (2).

THÈME XCVII.

Description d'un vaisseau.

De quelle grandeur est ce vaisseau ? sa longueur est de cent vingt coudées, sa largeur est de trente. Examinons ses parties. De quelle hauteur est le mat ? Quelle grande antenne il supporte ! Quels cordages le soutiennent ! comme la poupe est recourbée ! De l'autre côté la proue s'élève également ; elle porte la déesse *protectrice* du vaisseau, Isis. Quelles belles peintures ! Quelles ancres pesantes ! Que tout cela est admirable ! Quelle multitude de matelots ! Et tout cela un petit homme, un vieillard le conserve, c'est le pilote.

(1) *Tournez :* Vous parlez bien.

(2) *Tournez :* Ensuite un étonnant établissement de la sérénité est devenu, à cause de l'Alcyon.

THÈME XCVIII.

ADJECTIFS INDÉFINIS.*

Sur la Vie.

On croit trouver dans la vie quelque chose de solide, mais on se trompe beaucoup. On est pillé par les voleurs; on périt victime (1) d'une accusation; on commande les armées, et l'on est vaincu; on donne à de faux amis tous ses biens, et bientôt l'on porte soi-même des haillons. On est pris sur mer (2); on est massacré pendant son sommeil (3) par des domestiques : telle est la vie. On ne possède rien de sûr; mille morts menacent les mortels. Mais l'espérance trompe les hommes; elle leur montre toujours l'avenir comme le commencement de leur bonheur. Ceux-ci, dans leur attente (4), comptent les jours, ceux-là les révolutions des années. Mais la triste vieillesse les prévient, ou les maladies cruelles les font périr.

---

* (*Méth.*, § 69, 70, 71, 72.)

(1) *Tournez* : Tombé dans un procès.

(2) *Tournez* : Naviguant.

(3) *Tournez* : Dormant.

(4) *Tournez* : Attendant.

THÈME XCIX.

Athenes après la bataille de Chéronée.

On attendait avec impatience l'issue du combat; les temples étaient remplis; toute là ville était dans l'agitation. Tout à coup on annonce la défaite; on entend partout des cris, des gémissemens. Qui, à cette époque, n'aurait eu pitié d'Athènes? Qui aurait pu ne pas compatir aux maux de la patrie? On voyait des femmes libres se tenant sur le seuil des portes, effrayées, consternées, demandant des nouvelles (1) de leurs maris, de leurs pères, de leurs frères. Tous les jeunes gens avaient péri, et les espérances de salut étaient placées dans des hommes âgés de plus de cinquante ans!

THÈME C.

SUITE.

On aurait déploré les malheurs des Athéniens, en les voyant réduits à donner (2) la liberté aux

(1) *Tournez :* Demandant s'ils vivent, celles-ci pour leur mari, celles-là pour leur père, celles-la pour leur frère. *Si si, indic.*

(2) *Tournez :* Voyant le peuple décrétant les esclaves libres et les étrangers Athéniens.

esclaves, le droit de cité aux étrangers. Tel était le changement d'Athènes. Ces mêmes Athéniens. libérateurs de la Grèce, disputaient leur propre territoire aux Macédoniens. Mais cependant on ne se découragea pas ; on se sacrifia au salut de l'état. Le pays fournit des arbres ; les temples donnèrent des armes. Ceux-ci songeaient à la fortification des murailles, ceux-là s'occupaient des fossés. On n'était point oisif ; personne dans un si grand effroi, dans de tels dangers, n'abandonna la ville ; mais, portant tous les armes pour la patrie, ils préféraient une mort glorieuse à l'esclavage.

THÈME CI.

Les Persécutions.

Le trouble, la confusion régnaient partout. On pillait les Chrétiens ; on enlevait leurs biens ; on les accablait de coups. On traînait les femmes dans toute la ville ; on n'avait pas pitié de la jeunesse ; on ne respectait pas les cheveux blancs ; les innocens subissaient les supplices des scélérats. Toutes les prisons étaient encombrées. Les maisons des riches étaient abandonnées ; les déserts étaient remplis d'exilés. La religion était tout le crime des victimes. Le père trahissait son fils ; le fils dénonçait son père ; les esclaves se soulevaient contre leurs maîtres. On détruisait les églises ; on renversait le sanctuaire ; on ne faisait plus d'offrandes, on ne brûlait plus d'encens. La douleur. comme un brouillard épais, était répandue sur tout l'empire.

THÈME CII.

Éloge d'Athènes.

La ville d'Athènes eut des lois la première; la première elle se donna un gouvernement. Auparavant on vivait sans lois dans la Grèce, et on était dispersé. Athènes délivra la Grèce de ces maux, *en* se rendant maîtresse de ceux-ci, *en* se proposant *pour* modèle à ceux-là. On inventa, on perfectionna chez elle tous les arts. Elle fut l'école de toute la Grèce. On trouvait surtout dans son sein des amitiés fidèles; on y formait des liaisons de toute espèce. On y voyait aussi des combats non-seulement de légèreté et de force, mais d'éloquence, de poésie et de toute espèce de talens.

THÈME CIII.

Le Calme

On voit souvent la mer tranquille: eh bien. doit-on y ajouter foi, et s'embarquer sans ancre (1) et sans gouvernail? On verra bientôt une violente tempête; on verra des flots épouvantables,

(1) *Tournez :* N'ayant pas.

élevés comme des montagnes, et blanchissant d'écume. Ainsi un homme vous paraît paisible, et vous montre une grande bienveillance, un grand dévouement ; bientôt on le trouvera mal intentionné, et prêt à faire toute espèce de mal. On doit donc dans le calme prévoir la tempête, et *savoir* s'en garantir.

THÈME CIV.

Les Philosophes.

Autrefois la philosophie était étrangère à la multitude ; on voyait peu de philosophes. Maintenant on rencontre partout de vieux manteaux, des bâtons, des besaces ; partout on voit des barbes épaisses, des gens tenant un livre dans la main gauche. Les portiques sont pleins de philosophes criant : « On ne peut être heureux sans la philosophie ; il faut me suivre ; on doit écouter mes préceptes. » On les admire, on les félicite, on est frappé de leurs cris. Beaucoup de gens quittent leurs métiers ; ils prennent la besace et le vieux manteau ; et ils se promènent, philosophes improvisés, de cordonniers ou de charpentiers *qu'ils étaient*.

THÈME CV.

Du Verbe.*

SUBSTANTIFS PLURIELS NEUTRES SUIVIS D'UN VERBE AU SINGULIER.**

Sur la Fortune.

Les flots ne sont pas toujours les mêmes. Maintenant ils sont unis et paisibles, un vent violent les trouble, et un calme profond les apaise de nouveau. Ainsi les choses humaines sont sujettes à des alternatives de bien et de mal. La prospérité n'a rien de solide; l'adversité n'a pas une durée immuable. Tout est exposé à des agitations, à des tempêtes, à des révolutions imprévues. La santé passe vite, la richesse ne dure pas long-temps. Bientôt viendront les maladies, la pauvreté. Souvent des humiliations inattendues surprennent l'homme considéré de tout le monde; souvent des maux continuels troublent le cours heureux de la vie. Mais ensuite ces maux passent, et ils font place à la joie et au calme le plus profond.

---

* (*Méth.*, Chap. V, § 73 — 103.)

** (*Méth.*, § 75.)

THÈME CVI.

Sur les Lectures publiques.

Il y a bien du vide dans les lectures publiques. La réputation de l'orateur, ses gestes, les applaudissemens, les cris des assistans, frappent d'étonnement l'auditeur encore novice, et il est entraîné comme par un torrent. Les expressions ont aussi quelque chose de séducteur ; prononcées avec une certaine emphase, avec un certain apprêt, elles cachent à l'auditeur la faiblesse des idées. Mélantius interrogé sur une tragédie de Denys, répondit : « Je ne l'ai pas vue ; elle était cachée sous les expressions. » Ainsi un grand nombre de poëmes, ou d'ouvrages en prose, ont d'abord excité une grande attente ; mais *une fois* terminés et livrés au public, ils ont perdu une partie de leur gloire.

THÈME CVII.

Temps et Modes.*

La fausse gloire.

Je commandais à un vaste pays ; il était fertile et digne d'admiration par (1) la multitude

* (*Méth.*, § 78 -- 90.)

(1) *Mettre le datif sans préposition.*

de ses habitans et la beauté de ses villes. J'avais une armée considérable, une cavalerie bien montée, une garde nombreuse, des galères, des sommes immenses, et enfin tout l'appareil du pouvoir. La multitude m'adorait ; elle croyait voir en moi un dieu. Pour moi (1), connaissant mes maux intérieurs, je leur pardonnais leur folie, mais je déplorais mon sort ; je me trouvais (2) semblable à ces grands colosses. Chacun d'eux au dehors est un Neptune, un Jupiter admirable ; mais en dedans *ce* sont des leviers, des coins, des clous, de la poix. Telle est la prétendue gloire.

THÈME CVIII.

Scipion.

Les tribuns du peuple Pétilius et Quintus accusaient un jour devant le peuple Scipion l'Ancien (3), et ils l'accablaient d'invectives. Scipion ne répondit rien à ses accusateurs ; mais adressant la parole au peuple : « Aujourd'hui, dit-il, Romains, j'ai vaincu les Carthaginois et Annibal, et j'ai relevé l'état. Prenant donc une couronne, je monte au Capitole. » Ayant dit ces mots, il monta. Le peuple le suivit et les accusateurs restèrent seuls.

(1) *Tournez* : Mais moi.
(2) *Tournez* : J'avais pitié de moi étant semblable à...
(3) *Tournez* : Plus vieux.

THÈME CIX.

Philippe à Chéronée.

Philippe vainquit les Athéniens à Chéronée; mais il triompha d'eux mieux encore par (1) sa modération et sa douceur. La guerre avait seulement mis ses ennemis entre ses mains; mais sa clémence, sa bonté, soumirent à son pouvoir tous les Athéniens et leur République. Il ne mesura pas ses pensées sur ses succès; il fut toujours maître de lui-même; il n'insulta pas les vaincus. Il renvoya les prisonniers sans rançon; il rendit les honneurs funèbres à leurs guerriers, et il ordonna à Antipater de recueillir leurs ossemens. Cette conduite frappa d'étonnement les Athéniens, et lui en fit les alliés les plus fidèles.

THÈME CX.

Titorme et Milon.

Le fameux Milon de Crotone rencontra un jour le berger Titorme. Ayant vu la haute taille de Titorme, il voulut essayer sa force. Titorme ôta son habit, saisit une grosse pierre, la ramena d'abord à lui, ensuite il la repoussa. Il fit cela deux et trois fois, et ensuite la mettant sur ses épaules.

(1) Διὰ, *gén.*

il la porta à trente pas. Milon de Crotone eut peine à la soulever. Ensuite Titorme alla à son troupeau, et prit par le pied le taureau le plus fort : celui-ci cherchait à s'échapper, mais il ne put *y parvenir*. Il en prit un autre de l'autre main, et il les retint ensemble. A cette vue (1) Milon levant les mains au ciel, s'écria : « O Jupiter, tu as donc fait un second Hercule ! »

THÈME CXI.

IMPÉRATIF.*

La Vertu et le Vice.

Supposez la valeur et la lâcheté placées auprès d'un guerrier prêt à combattre (2). Comme elles tiendront un langage différent! La valeur l'engagerait à rester, à garder son poste. — « Mais on lance des traits. » — « Affronte-les. » — « Mais je serai blessé. » — « Aie du courage. » — « Mais je périrai. » — « Eh bien! meurs, mais n'abandonne pas ton poste. Ce discours est sévère et dur ; mais celui de la lâcheté est doux et humain. Elle engage le soldat effrayé à se retirer. — « Mais mon bouclier me gêne. » — « Jette-le. » — « Et ma cuirasse. » — Détache-la. — Il en est de même

---

(1) *Tournez* : Voyant cela.

* (*Méth.*, § 85, 86, 87, 88.)

(2) *Tournez* : Devant combattre.

du reste. Ne prends pas les biens d'autrui, dit la modération, aie de la patience, aie du courage. L'intempérance au contraire dira : Tu n'as pas d'argent? emprunte. Tu ne peux pas rendre? ne rends pas. On ne veut plus te prêter? eh bien! vole.

THÈME CXII.

Le Rhéteur et son Élève.

Ecoute-moi, mon fils, suis mes leçons; et avant le coucher du soleil j'aurai fait de toi un grand rhéteur. Apporte d'abord de l'ignorance, de l'audace, de l'impudence; laisse de côté la pudeur, la douceur, la modération. Ensuite ramasse à peu près quinze mots mystérieux, médite-les et aie-les toujours à la bouche; mets-les comme un assaisonnement dans tous tes discours. Ne t'occupe pas du reste. Seulement que ton vêtement soit beau et recherché : ensuite jette dans tes discours tes expressions particulières. Le peuple t'admirera, on te regardera comme un homme étonnant. Fais-tu un barbarisme, un solécisme? Que le remède soit dans ton impudence : cite sur-le-champ quelque poète, quelque écrivain inconnu. Va toujours, continue toujours tes phrases; seulement ne reste jamais muet.

THÈME CXIII.

SUITE.

Que ces expressions mystérieuses soient semées, mêlées partout; elles feront de l'effet (1) même dites au hasard. Parle toujours de toi avec admiration; moque-toi de tout le monde, surtout de tes rivaux. Critique tout. Dans tes discours parle toujours des faits anciens, cite Marathon et Cynégire: admire Léonidas, la bataille de Salamine, d'Artémise, de Platée. Que tes amis applaudissent toujours; qu'ils te payent ainsi tes dîners. Que le mensonge te soit familier; que le parjure soit toujours sur tes lèvres; que tes calomnies aient l'air de la vérité. Ces moyens te rendront célèbre en peu de temps, et te feront admirer (2).

THÈME CXIV.

L'Historien.

Que l'historien soit exempt de crainte, incorruptible, impartial, ami de la franchise et de la vérité. Qu'il n'ait pas de haine; qu'il ne donne rien à l'amitié. Que ce soit un juge équitable, étranger au milieu de ses livres; qu'il ne reconnaisse pas de patrie, qu'il soit indépendant. Que l'histo-

(1) *Tournez :* Seront belles.

(2) *Tournez :* Et te feront admirable.

rien soit ainsi disposé : que ses pensées aient quelque chose de poétique ; mais que son style soit simple, et que cependant il s'élève à la hauteur des faits (1). Que son âme soit un miroir fidèle ; qu'il montre les faits, comme il en a reçu l'impression. Qu'il les rassemble tous, qu'il en fasse un corps d'abord informe et sans liaison ; qu'ensuite il y ajoute la beauté, qu'il l'embellisse des charmes du style ; qu'il l'enrichisse de l'harmonie.

THÈME CXV.

IMPÉRATIF FRANÇAIS TOURNÉ EN GREC PAR L'OPTATIF.*

Péroraison d'un Discours de Saint-Grégoire.

Monte au ciel, âme chérie, repose-toi dans le sein d'Abraham, assiste aux concerts des anges, sois témoin de la gloire, de la splendeur des âmes bienheureuses ; ou plutôt partage leurs chants et leur joie, moque-toi des biens d'ici-bas, de ces prétendues richesses, de ces faux honneurs, de ces erreurs de nos sens, de tous les égaremens de cette vie. Sois placée auprès du Roi éternel, sois remplie de sa lumière. Et toi, Maître de l'univers, créateur de toutes choses, et surtout de l'homme ton image, toi le père et le guide des hommes, le maître de la vie et de la mort, ô toi le bienfaiteur de nos âmes, reçois Césaire *comme* les pré-

(1) *Tournez* : Qu'il soit égale aux faits.

* (*Méth.*, § 89, 90.)

mices de notre départ ; reçois-nous ensuite dans le temps convenable, reçois-nous préparés et ne craignant rien , n'étant pas séparés par force des biens de la terre , mais marchant avec ardeur vers cette autre vie immortelle et bienheureuse.

THÈME CXVI.

VERBES ACTIFS FRANÇAIS.*

Euthydicus et Damon, ou les deux Amis.

Euthydicus et Damon de Chalcis, son ami, étaient ensemble sur le même vaisseau. Euthydicus était robuste et fort ; Damon était faible, il relevait d'une longue maladie. Ils eurent d'abord une navigation heureuse ; mais ensuite une violente tempête les surprit, et les flots précipitèrent dans la mer le malheureux Damon. Cet infortuné poussa un cri *en* tombant ; Euthydicus l'entendit, il se jeta à la mer, et saisissant Damon, il le soutenait *sur l'eau*. Les matelots avaient pitié de leur malheur, ils voulaient les secourir, mais ils ne le pouvaient, ils étaient entraînés par la violence des vents.

* (*Méth.*, § 92, 93.)

THÈME CXVII.

SUITE.

Cependant ils leur jetèrent beaucoup de morceaux de liége, quelques rames, et enfin une grande planche. figurez-vous le soulèvement des flots, le mugissement de la mer, l'horreur de la nuit, le désespoir des deux amis, celui-ci étouffé par les flots pouvant à peine soulever sa tête, et tendant les bras à son ami; celui-là nageant avec lui, et voulant partager sa mort. Mais d'abord ayant rencontré ces morceaux de liége, ils se placèrent dessus et continuèrent à nager; ensuite ayant vu cette planche, ils la saisirent, et montés dessus ils abordèrent heureusement à Zacynthe.

THÈME CXVIII.

Agathocle et Dinias.

Agathocle de Samos avait été dès l'enfance l'ami de Dinias d'Ephèse, fils de Lysion. Dinias étant devenu extrêmement riche, eut, comme tous les nouveaux riches, beaucoup de flatteurs autour de lui. Agathocle, fidèle à sa première amitié, lui adressait des reproches, lui rappelait ses ancêtres, l'engageait à conserver les biens de son père; enfin il devint importun, et Dinias ne l'invita plus à ses fêtes. Alors les flatteurs s'etant emparés de ce jeune homme simple et sans experience, l'environnèrent de tous cotés et lui causerent mille maux.

THÈME CXIX.

SUITE.

Enfin, en peu de temps, ils ruinèrent entièrement la maison de Dinias, la plus célèbre de l'Ionie. Ensuite l'abandonnant, ils poursuivirent un jeune Crétois fort riche, et passèrent de son côté. Mais alors Agathocle n'abandonna pas son ancien ami; mais jugeant inutile de rappeler à Dinias ses fautes, il vendit sa maison, et lui en apporta le prix de trois talens. Dinias les ayant reçus, voulut punir ses flatteurs. Il les invite à dîner, et les fait périr. Les magistrats s'emparent de Dinias et le conduisent au chef souverain. Celui-ci envoie Dinias à Gyaros, île des Cyclades, et le condamne à un exil perpétuel. Agathocle seul de tous ses amis le suivit au tribunal; il ne l'abandonna pas dans son malheur, mais se condamnant à la même peine, il partagea son exil.

THÈME CXX.

VERBES PASSIFS.*

Tremblement de terre à Antioche.

Sous le règne (1) de l'empereur Trajan, un violent tremblement de terre ébranla Antioche. Beaucoup de villes en souffrirent, mais Antioche fut la plus maltraitée. La foudre avait grondé et les vents avaient soufflé avec violence; mais on ne pouvait présager de si grands malheurs. D'abord on entendit tout à coup un long mugissement suivi d'une violente secousse. Le sol était soulevé, les édifices semblaient bondir sur eux-mêmes. Les uns élevés en l'air se brisaient *en* retombant; les autres balancés en sens contraire étaient renversés. On entendait un bruit effrayant de poutres et de pierres brisées en éclat. Il s'élevait une poussière épaisse, et l'on ne pouvait rien voir. Tous les habitans étaient frappés de terreur et livrés au désespoir.

THÈME CXXI.

SUITE.

Ceux-ci entraînés et enlevés avec violence, précipités comme d'un lieu escarpé, étaient meurtris

* (*Méth.*, § 94.)

(1) *Tournez* : Dans les temps de l'empereur Trajan.

en tomoant; les uns étaient estropiés, les autres tués. Il en périt un nombre incalculable dans les maisons. Beaucoup furent écrasés par la chute même des bâtimens; beaucoup furent étouffés sous les décombres. D'autres étaient étendus, ayant quelques membres pris sous les poutres ou les pierres; ils souffraient horriblement, ne pouvant ni vivre plus long-temps ni mourir sur-le-champ. Beaucoup cependant furent sauvés, mais ils n'échappèrent pas sans blessure. Ceux-ci perdirent les jambes, ceux-là les bras. Le tremblement de terre dura plusieurs jours et plusieurs nuits; des montagnes furent ébranlées, et le mont Corasius (1) sembla brisé et prêt à fondre sur la ville.

THÈME CXXII.

VERBES PASSIFS EN FRANÇAIS TOURNÉS PAR L'ACTIF EN GREC.*

L'Homme de bien.

Tout le monde n'est pas favorisé de la fortune; souvent même l'homme vertueux en est dédaigné. Mais il est consolé par le témoignage de sa conscience; il n'est point effrayé de ses malheurs; il a pour lui Dieu et tous les hommes de bien. Pauvre, il est respecté par les riches; faible, il est courtisé par les puissans. Il est redouté des méchans.

(1) Τὸ Κοράσιον ου.

* (*Méth.*, § 96.)

Son exemple n'est pas imité par la multitude ; il n'est pas approuvé par l'ambitieux ; mais il est suivi par tout homme généreux ; il est applaudi, il est félicité par tous les gens de bien.

THÈME CXXIII.

VERBES RÉFLÉCHIS TRADUITS EN GREC PAR UN VERBE NEUTRE.*

La Vieillesse.

Souvent, disait un vieillard, nous nous réunissons plusieurs à peu près du même âge, selon l'ancien proverbe (1). La plupart de nous se lamentent ; ils regrettent les plaisirs de la jeunesse ; ils se souviennent des festins, des parties de plaisir, et s'indignent d'en être privés (2) ; ensuite il s'écrient : De combien de maux la vieillesse est la cause ! Mais ils ne me semblent pas se plaindre de la véritable cause. La vieillesse est un état de paix ; on est délivré des passions, alors elles s'affaiblissent et se calment, et le vieillard est délivré d'une foule de tyrans cruels. Ainsi la cause des maux de la vieillesse n'est pas la vieillesse elle-même, mais le caractère des vieillards. Pour l'homme de bien (3)

* (*Méth.*, § 97.)

(1) *Tournez :* Conservant l'ancien proverbe.

(2) *Tournez :* S'indignent *en* étant privés.

(3) *Tournez :* A l'homme de bien..., mais au débauché...

la vieillesse n'est pas insupportable ; pour le débauché, la vieillesse et la jeunesse *lui* sont également à charge.

THÈME CXXIV.

VERBES RÉFLÉCHIS TOURNÉS PAR LE PASSIF.*

La Mer ou le Monde.

Je me promenais un jour seul au déclin du jour. Le rivage était le lieu de ma promenade ; ma vue s'étendait sur la mer. Elle ne faisait pas entendre un murmure doux et paisible, mais elle se soulevait *en* mugissant. Les flots poussés de loin s'élevaient peu à peu, ensuite s'abaissaient et se brisaient sur le rivage. Les petits cailloux, les plantes marines, les coquillages *étaient* rejetés *par la mer*, et poussés sur le rivage. Les rochers seuls étaient inébranlables. Ce spectacle me servit d'instruction. Notre vie, me dis-je, est *aussi* une mer ; elle a aussi une grande mobilité. Les hommes ordinaires, comme les plantes marines, se laissent entraîner ; ils n'ont point de solidité. Mais les sages sont comme des rochers ; ils soutiennent toutes les attaques sans être agités, sans être ébranlés (1) ; ils se moquent des autres, ou ils en ont pitie.

* (*Méth.*, § 98.)

(1) *Tournez :* N'etant pas agites, ni ébranlés.

THÈME CXXV.

VERBES RÉFLÉCHIS TRADUITS PAR LE VERBE SIMPLE ET L'ADJECTIF ἈΛΛΉΛΩΝ, ΟΙΣ, ΟΥΣ. *

Critique des Gymnases.

Quelle est cette coutume des jeunes Grecs ? Ils ôtent leurs vêtemens, se frottent d'huile. Aussitôt ceux-ci s'embrassent les uns les autres, et se renversent ; ceux-là se serrent, s'étouffent et se roulent ensemble dans la boue. Ils se poussent encore les uns les autres ; ils se frappent le front comme des béliers ; et, se saisissant mutuellement, ils se précipitent sur la terre. D'autres se poussent non pas dans la boue, mais dans un fossé ; ils se couvrent mutuellement de poussière ; ensuite ils se frappent, se donnent des coups de pied. Le vaincu crache les dents ; sa bouche est pleine de sang et de poussière. Après cela, ils essuyent l'huile ; ils redeviennent aussitôt sages ; ils redeviennent amis ; ils se retirent les yeux baissés (1), comme rougissant de leur action.

---

* (Méth., § 99, 100.)

(1) *Tournez :* Regardant en bas.

THÈME CXXVI.

Le jour et la nuit.

Le jour et la nuit sont comme un frère et une sœur bien unis (1) ; ils s'empruntent mutuellement le temps pour l'utilité des hommes, et se le rendent ensuite avec bienveillance. Dans la saison du printemps la terre couverte de fleurs appelle les soins du laboureur ; alors le jour emprunte à la nuit, et augmente aux hommes le temps de leur travail. Ensuite l'hiver survient, fait cesser les travaux, et invite les laboureurs au repos. Alors la nuit, *en* se prolongeant, apporte un plus doux sommeil aux hommes, et les retient dans leurs maisons. Le mercenaire goûte le repos, l'esclave respire de ses travaux. Ainsi la nuit et le jour se rendent mutuellement service.

THÈME CXXVII.

Diogène.

Diogène de Sinope commençant à étudier la philosophie fut un jour fort ébranlé *dans sa résolution*. Les Athéniens célébraient une fête, et ils se donnaient des dîners splendides, formaient

(1) *Il suffira en traduisant de mettre* comme deux sœurs, *parce que le mot* jour *est du féminin en grec.*

entre eux des réunions, s'abandonnaint à la débauche, et passaient ainsi la nuit. Diogène était couché dans un coin de la place publique, enveloppé dans son manteau ; il se disait à lui-même : Les Athéniens se reçoivent mutuellement ; ils se donnent des festins ; et moi je suis seul, je suis privé de tous les biens. Dans ce moment un rat, se glissant près de lui, ramassa les miettes de son pain. Diogène reprit alors courage, et se dit à lui-même : Que dis-tu, Diogène? Tes restes nourrissent et rassasient cet animal, et toi, philosophe (1), tu te plains, tu te lamentes de n'être pas ivre (2).

THÈME CXXVIII.

Sur la Parole.

Par l'usage de la parole nous nous révélons mutuellement les secrets de notre âme ; nous nous communiquons chacun nos desseins, en les tirant des replis cachés de notre cœur comme d'un trésor inépuisable. La pensée, *en* trouvant l'expression interprète de ses sentimens, traverse l'air, portée par la parole comme par un vaisseau léger ; et elle vient se reposer (3) dans l'oreille des auditeurs comme dans un port tranquille et à l'abri des tempêtes. Avec ce secours (4) nous conver-

(1) *Tournez :* Le brave.
(2) *Tournez :* N'étant pas ivre.
(3) *Tournez :* Aborde dans les oreilles.
(4) *Tournez :* Nous servant de cela.

sons ensemble, nous nous instruisons, nous nous corrigeons mutuellement. Seul, et livré à lui-même, l'homme ne se connaît pas; il a besoin d'un ami, et la parole le lui procure.

THÈME CXXIX.

Le dîner des Philosophes.

Je vais vous raconter (1) un combat tout-à-fait plaisant. Telle en fut la cause. Nous dînions chez Aristénète, et on avait servi des oiseaux aux philosophes Hermon et Zénothémis. Celui d'Hermon était plus gras; Zénothémis s'en empara; celui-là le reprit. Ils crient, et tombant l'un sur l'autre, ils se chargent de coups; ils se prennent par la barbe et appellent au secours. Zénothémis prend une coupe et la lance à Hermon; il le manque, et partage en deux la tête d'un des convives. Tout est plein de trouble et de gémissemens; les femmes se lamentent; les hommes se battent: pour moi, je me tenais debout dans un coin, et regardais tout sans m'en mêler (2) On aurait vu les tables renversées, les coupes jetées, le sang répandu. Enfin Alcidamas le cynique renverse la lumière; tout est dans les ténèbres (3): le combat est plus horrible. Mais moi, en voyant cela je m'échappe, et je laisse les philosophes aux prises.

---

(1) *Tournez :* Je raconterai.
(2) *Tournez :* Ne m'en mêlant pas.
(3) *Tournez :* Et fit de grandes ténèbres.

THÈME CXXX.

VERBES TOURNÉS PAR LE MOYEN.*

Le Maître et l'Elève.

Le Maître. Qu'avez-vous fait aujourd'hui ?

L'Élève. Je me suis réveillé de bonne heure ; j'ai appelé mon valet, et je lui ai dit d'ouvrir la fenêtre. Ensuite je me suis assis au pied de mon lit, et je me suis habillé. On m'a apporté de l'eau ; je m'en suis versé d'abord sur les mains, ensuite sur la figure, et je me suis lavé. Ayant fait tout cela, je me suis essuyé les mains, les bras et le visage. J'ai demandé ensuite mon encrier, mon cahier, et je les ai donnés à mon valet. M'étant ainsi préparé, je suis sorti sous d'heureux auspices, et ayant embrassé mon père et ma mère, je vais au collége. *En* entrant je salue le maître, je m'essuye les cheveux, je monte doucement sur les gradins, et je dis à mes camarades : donnez-moi une place, serrez-vous.

THÈME CXXXI.

SUITE.

J'écoute ensuite le maître ; je fais attention à ses questions, ainsi (1) qu'aux réponses de mes ca-

* (*Méth.*, § 101.)

(1) *Tournez* : Et.

marades. Le maître m'appelle et me fait des questions ; je m'approche ; je récite les leçons. Ensuite je donne mon devoir. Après cela je m'assieds à ma place, et je lis mon devoir : le maître m'explique avec soin le sens de l'auteur. Nous expliquons les vers d'Homère, et nous lisons les voyages d'Ulysse, les malheurs de Pénélope. Arrive l'heure de la dictée, nous prenons nos cahiers ; nous écrivons un morceau des discours de Démosthène ; ensuite nous partons, et allons nous baigner (1).

THÈME CXXXII.

Sur l'Exil.

Nous sommes comme des fourmis ou des abeilles. Chassés de notre fourmillière, ou de notre ruche, nous nous lamentons, nous nous déconcertons ; nous ne savons pas nous approprier tout. Arrivés sur une terre étrangère, nous regardons la mer, l'air, le ciel comme tout autres, et entièrement changés. La nature nous a faits libres et sans entraves ; mais nous nous enchaînons, nous nous enfermons, nous nous mettons à l'étroit. Quoi donc ! le monde n'est-il pas la patrie de tous les hommes ? Le vrai sage ne regarde pas un lieu comme la cause de son bonheur ; il place en lui-même sa félicité ; il se croit un citoyen de la ville de Dieu, c'est-à-dire de tout l'univers.

(1) *Tournez* : Et allant dans le bain nous nous lavons.

THÈME CXXXIII.

Démocrite ou les Fantômes.

Le fameux Démocrite d'Abdère s'étant enfermé dans un tombeau, hors des portes de la ville, passait sa vie en cet endroit, occupé à écrire, à composer (1) jour et nuit. Quelques jeunes gens voulant se jouer de lui, et l'effrayer, s'habillèrent en morts, se revêtirent de vêtemens noirs, prirent des masques faits en forme de crânes, et, l'environnant, ils dansaient autour de lui. Celui-ci ne craignit pas leur déguisement; il ne les regarda même pas; mais il continua d'écrire suivant sa coutume.

THÈME CXXXIV.

Des Adverbes. *

ADVERBES NÉGATIFS. **

Conseils aux Chrétiens après une persécution

Célébrons les fêtes, non pas ave des vêtemens magnifiques, ni par des festins et des débauches; ne jonchons pas les rues de fleurs; n'ornons pas

(1) *Tournez* : Il continuait là écrivant et composant.

* (*Méth.*, *Chap.* VI, § 104—166.)

** (*Méth.*, § 1 7—112.)

nos tables de parfums déshonorans ; n'embellissons pas le vestibule de nos maisons : car ce sont là les usages des fêtes payennes. Pour nous, n'honorons pas ainsi Dieu ; honorons-le par la pureté de notre âme, par la sainteté de nos mœurs. N'abusons pas des circonstances ; ne profitons pas de notre liberté ; ne blessons pas nos ennemis. Soyons-leur en cela supérieurs ; montrons-leur la différence de la religion du Christ et de celle des démons. Triomphons par la modération de nos persécuteurs. Ne songeons pas aux proscriptions ; ne les citons pas devant les tribunaux ; ne les chassons pas de leur patrie : ce sera là la véritable victoire.

THÈME CXXXV.

Loi des Saturnales.

Que personne pendant la fête ne fasse aucune vente particulière ou publique. Que les seuls cuisiniers et les pâtissiers soient occupés. Qu'il ne soit permis à personne de se mettre en colère, de se fâcher ou de faire des menaces. Que personne pendant la fête ne s'exerce au gymnase, ne récite des discours, ou fasse des lectures publiques. Que les riches envoient des présens à leurs amis ; qu'on envoye le double aux gens instruits. Que les riches payent les dettes de leurs amis pauvres. Que personne n'ajoute à son présent quelque mot désagréable ; qu'il ne fasse pas l'éloge de son cadeau. Enfin que l'on ne fasse rien par faveur.

THÈME CXXXVI.

ADVERBES ÉNONCIATIFS, DUBITATIFS ET INTERROGATIFS. *

Le Cynique et le Philosophe.

DIALOGUE.

LE PHIL. Pourquoi donc portes-tu de la barbe et une longue chevelure, et n'as-tu pas de tunique? Pourquoi te promènes-tu nu et sans chaussure, choisissant de préférence une vie errante et sauvage? LE CYN. Et toi, dis-moi, le vice n'accompagne-t-il pas la magnificence? LE PHIL. Oui, sans doute. LE CYN. La vertu n'est-elle pas la compagne de la frugalité? LE PHIL. Certainement. LE CYN. Examine maintenant : mon corps n'est pas malade; la mauvaise nourriture ne le détruit pas. LE PHIL. C'est vrai. LE CYN. Mes pieds nuds me servent à merveille. LE PHIL. Assurément. LE CYN. Pourquoi donc accuses-tu et blâmes tu ma manière de vivre? LE PHIL. Vous faites violence à la nature. Elle nous a donné beaucoup de biens, et vous, vous n'en jouissez pas : c'est une folie évidente. L'usage n'en est pas nuisible; et l'abus seul en est pernicieux.

* (*Méth.*, § 105, 106, 113, 114.)

THÈME CXXXVII.

Simon et Tychiade ou *Le Parasite et son ami.*

Tych. Pourquoi donc, Simon, les autres hommes libres et esclaves savent-ils chacun un métier, et toi seul ne fais-tu rien ? Sim. Comment me fais-tu cette question, Tychiade ; je ne la comprends pas : parle-moi plus clairement. Tych. Quel art connais-tu ? est-ce la musique ? Sim. Non, sans doute. Tych. Eh bien ! la médecine ? Sim. Pas plus. Tych. La géométrie ? Sim. Nullement. Tych. Quel art sais-tu donc ? Sim. Quel art ? eh bien ! l'art des parasites. Tych. Quoi ! tu appelles cela un art ? Sim. Oui, sans doute. C'en est un, et je l'exerce. Tych. Quoi ! tu es parasite ! Sim. C'est cela. L'art du parasite est l'art de la table (1), et son but est le plaisir.

THÈME CXXXVIII.

SUITE.

Tych. Tu définis fort bien ton art. Sim. Le parasite n'a pas de cuisinier, de terres, d'économe, de vaisselle d'argent ; il porte tout avec lui. Il peut s'en servir en voyage, sur mer, partout. Tych.

(1) *Tournez :* L'art des choses devant être bues et mangées.

C'est assez vrai. Sim. Mais je te dirai quelque chose *de* plus étrange. Aristippe de Cyrène ne te paraît-il pas un fameux philosophe ? Tych. Oui, sans doute. Sim. Eh bien ! il était le parasite de Denis. Et Platon lui-même vint en Sicile, et servit de parasite au tyran quelques jours ; mais il perdit sa place à cause de sa maladresse. Il se prépara une seconde fois, revint en Sicile, y resta quelques jours, et fut encore une fois chassé pour son ignorance. Nestor lui-même n'était-il pas le parasite d'Agamemnon ? Tych. Assurément. Eh bien ! Je veux devenir ton premier élève. Tu m'apprendras ce bel art.

THÈME CXXXIX.

ADVERBES CONJONCTIFS.[1]

La flatterie et l'amitié.

Le flatteur diffère de l'ami par l'intention, l'intérêt, et le motif. Le brave guerrier et le soldat mercenaire portent également des armes ; et personne ne les juge aux actes extérieurs ; on distingue leur utilité d'après leur but. Celui-ci écoute son cœur, celui-là sa vénalité ; celui-ci est fidèle à ses alliés ; celui-là est traître même à ses amis. Le flatteur diffère de même de l'ami. L'ami met en commun tous ses biens ; le flatteur dirige toutes ses liaisons vers son intérêt particulier : l'ami cherche l'égalité, le flatteur songe à son seul intérêt,

[1] (*Méth.*, § 115—126.)

THÈME CXL.

SUITE.

L'ami prend la part la plus légère du bonheur de son ami ; mais il partage rigoureusement ses malheurs. Le flatteur au contraire est insatiable dans la prospérité, et n'admet aucune communauté dans l'infortune. L'amitié, dans la réciprocité des services, va d'une marche égale ; la flatterie, *pour ainsi dire*, est boiteuse. L'ami méconnu est malheureux ; le flatteur découvert est perdu. L'amitié mise à l'épreuve resserre ses nœuds ; la flatterie mise à l'essai rompt les siens. Le temps forme l'amitié, les années décèlent la flatterie. L'amitié est désintéressée ; la flatterie songe toujours à l'intérêt. Enfin l'ami dans l'infortune est heureux, le flatteur dans la richesse est toujours malheureux.

THÈME CXLI.

ADVERBES DE QUANTITÉ DEVANT UN ADJECTIF OU UN ADVERBE.

A un Parvenu.

Que tu es devenu fier et insolent ? Tu ne veux plus nous regarder, tu ne nous accordes plus d'en-

* (*Méth.*, *Sect.* IV, § 129—134.)

tretiens ; tu te promènes seul comme un génie supérieur. Tant tu es orgueilleux ! Autrefois cependant tu étais si doux, si modeste. Quelle est la cause de cette révolution? Tu n'as pas changé de nature ; tu as encore ton enveloppe de peau. Quoi ! une si petite gloire a tellement enflé un vase d'argile ! Infortuné, tu t'es rempli d'une bien grande folie, tu as perdu la connaissance de ta nature ! Tel est le pouvoir de la fortune ! Quitte ce bonheur mensonger ; fuis cette fortune fugitive : *en* la prévenant ainsi, tu n'auras pas à supporter ses revers soudains.

THÈME CXLII.

Éloge de ma maison.

Que ma maison est belle ! Qui ne louerait un édifice si grand, si beau, si brillant de lumière, si éclatant d'or ? L'âme de l'orateur semble s'élever à la vue (1) de cette magnificence, et prendre un essor plus élevé. Que tout est bien en ordre ! Que tout est en harmonie ! Que tout est agréable, et digne d'éloges ! Que l'or y est heureusement placé ! Comme il n'y est pas inutile ! Comme il se fond avec les autres couleurs ! La lumière, *en* le frappant, lance des rayons nouveaux, et forme une douce clarté.

---

(1) *Tournez :* Avec cette magnificence.

THÈME CXLIII.

ADVERBES DE QUANTITÉ DEVANT LES COMPARATIFS.*

Sur la patrie.

On n'a jamais vu personne oublier (1) sa patrie. Beaucoup de gens admirent la grandeur, la richesse de certaines villes ; mais leur patrie leur est bien plus chère, elle leur paraît bien plus digne de respect et d'adoration. Que le nom seul de la patrie est agréable ! Les voyageurs malheureux l'invoquent continuellement, comme le plus grand des biens : et l'homme heureux, *dans ses voyages*, s'empresse d'autant plus de retrouver sa patrie, et de lui montrer son bonheur. La patrie est chère à la jeunesse ; mais elle excite des désirs bien plus vifs dans l'esprit des vieillards ; ils demandent de terminer leur vie dans leur patrie. Qu'il me serait plus doux, disent-ils, de léguer mon corps à la terre de mes ancêtres ! Je mourrais bien plus content ! Mais qu'il est cruel de reposer dans une terre étrangère !

---

* (*Méth.*, § 135, 136.)
(1) *Tournez :* Oubliant.

THÈME CXLIV.

Le plaisir et la vertu.

Le plaisir est très-séduisant, il montre d'abord partout des agrémens et de la joie. La vertu au contraire est sévère et difficile au commencement ; elle est bien plus laborieuse, bien plus pénible. Mais ensuite le fardeau devient bien plus doux, et la récompense est bien plus grande. Le plaisir permet tout, la vertu empêche les moindres fautes. Que cette conduite est plus conforme à la sagesse, qu'elle est plus digne d'hommes libres ! Les conseils de la volupté ne sont-ils pas bien plus lâches et plus honteux ? Comme il vaut mieux suivre celle-ci ! Comme il est plus sage de fuir celle-là !

THÈME CXLV.

Hercule ou les maladies de l'âme.

Hercule, dit-on, ne pouvant se guérir d'une maladie cruelle, appela d'abord ses enfans, et leur dit de le jeter dans un grand feu. Ceux-ci refusèrent ; ils eurent horreur *de cette proposition*. Alors Hercule les chargea d'injures, *les regardant* comme efféminés et indignes de lui. Que le philosophe tienne la même conduite pour lui-même d'abord, qu'il consume de même toutes les maladies de son âme ; ensuite qu'il engage ses amis à en faire autant, qu'il ne craigne rien, qu'il ne leur cache rien dans ses discours. Car les maladies de l'âme sont bien plus dangereuses *que celles du corps* ; elles ne sont pas causées par un poison funeste, mais par l'ignorance, la perversité, l'envie, et mille autres passions. Ces maux sont bien plus affreux, ils ont besoin d'un feu bien plus grand, bien plus dévorant.

THÈME CXLVI.

ADVERBES DE QUANTITÉ DEVANT LES VERBES.*

Sur les richesses.

Les Romains et les Grecs estimaient beaucoup la justice, ils aimaient beaucoup la vertu. Ils considéraient moins leur intérêt particulier. Mais nous, nous faisons peu de cas de la vertu ; les honneurs, les richesses nous paraissent bien plus estimables. Que l'on estimait d'avantage chez les anciens le courage, la justice, la modération ! Que l'on faisait moins de cas de l'or et de l'argent ! Le méchant, avec (1) des richesses, est très-estimé ; l'homme de bien, pauvre, est méprisé. L'or est tout parmi nous ; la vertu est un nom vide de sens. Tel est le pouvoir de l'argent ! Tel est le mé-

* (*Méth.*, § 137, 138, 139.)

(1) *Tournez :* Ayant.

pris de la vertu ! on n'a jamais autant estimé les richesses ; on n'a jamais parlé davantage de probité.

THÈME CXLVII.

ADVERBES DE QUANTITÉ DEVANT LA PRÉPOSITION *DE* SUIVIE D'UN NOM. *

Les Philosophes.

Les anciens avaient plus de sagesse, et moins de jactance. Les philosophes d'aujourd'hui (1) ont beaucoup de présomption et peu de science. Que d'orgueil ils cachent sous un extérieur austère ! Avec quelle insolence ils répondent à leurs adversaires ! avec quel mépris ils reçoivent les avis ! Comme ils recommandent à leurs disciples le courage et la tempérance ! Comme ils semblent mépriser la richesse et les plaisirs ! Mais seuls, comme (2) ils se livrent à la gourmandise, à la débauche, à la plus sordide avarice ! Ils sont fort peu utiles, on ne les compte ni à la guerre, ni au conseil, et cependant ils accusent les autres, ils préparent des invectives ; ils critiquent, ils insultent les magistrats : et le calomniateur le plus hardi obtient *parmi eux* le premier rang.

* (*Méth.*, § 140, 141.)

(1) Οἱ σήμερον.

(2) *Tournez* : Que de choses ils mangent, etc.

THÈME CXLVIII.

Le Riche et les Pauvres.

Que de pauvres se tiennent à la porte du riche, poussant des cris lamentables ! celui-ci leur refuse l'aumône, il ne peut, dit-il, suffire aux demandes. Malheureux, que de pauvres un seul de tes anneaux pourrait délivrer de leurs dettes ! Que de familles ruinées il relèverait ! Que de malheureux glacés par le froid ta seule garderobe pourrait couvrir ! Que de fautes pourrait effacer la moindre partie de tes richesses ! Mais tu oses renvoyer le pauvre sans récompense, tu ne crains pas la juste punition du grand Juge. Tu n'as pas eu pitié des autres, on n'aura pas pitié de toi ; tu n'as pas ouvert ta maison, on te renverra du royaume céleste ; tu n'as pas donné de pain, tu ne recevras pas la vie éternelle.

THÈME CXLIX.

Les Arbres.

Que d'espèces d'arbres s'élèvent, les uns (1) portant des fruits, les autres propres aux constructions ! Quelle variété dans les distributions de

(1) L'un... l'autre, ὁ μὲν... ὁ δὲ...

chacune de leurs parties ! Qu'il est difficile d'en connaître tous les caractères ! Ceux-ci ont des racines profondes, ceux-là les ont très-petites ; ceux-ci sont droits et d'une seule pièce ; ceux-là rampent à terre, et se partagent en mille branches. Quelles variétés dans les écorces ! Qui pourrait dire la diversité, les formes, la saveur particulière, l'utilité de leurs fruits ? On trouve encore dans les arbres des signes de la jeunesse et de la vieillesse, comme dans les hommes. Dans les jeunes arbres, l'écorce se dilate ; dans les vieux, elle se ride, et se durcit. Ainsi rien dans les arbres n'est sans cause : rien n'est l'effet du hasard. Tout y découvre une sagesse secrète.

THÈME CL.

ADVERBES DE TEMPS.*

Sur l'Or.

Jusques à quand l'or sera-t-il la perte des âmes, l'arme de la mort, l'appât des crimes ? Jusques à quand la richesse sera-t-elle un sujet de guerres ? Jusques à quand enfin les glaives s'aiguiseront-ils pour elle, les parens oublieront-ils les liens du sang, les frères lanceront-ils sur leurs frères des regards sanglans ? Quel est le père du mensonge,

* (*Méth.*, *Sect.* V, § 144—155.)

l'inventeur de la feinte et du parjure? N'est-ce pas l'argent? N'est-ce pas le désir de le posséder (1)? Que faites-vous, mortels? Qui tourne ainsi vos avantages contre vous-mêmes? Les richesses ont-elles donc été données comme les soutiens du vice? Sont-elles donc un moyen de perdition?

THÈME CLI.

Sur l'inconstance des choses humaines.

Notre vie est remplie des contrariétés les plus grandes. On naît, puis on meurt (2); on guérit, on est tué; on pleure, on rit; on gémit et on danse. On cherche aujourd'hui de l'argent, demain on le perd; on le garde avec soin, ensuite on le prodigue. On a fait hier une injustice, on en reçoit une aujourd'hui; on parle, on se tait; on aime, ensuite on hait. Sur la terre on est tantôt en paix, tantôt en guerre; et l'homme passe rapidement d'un bonheur prétendu à des maux véritables. Les plus grands biens de l'homme sont la paix de l'âme et la bienfaisance; seuls ils sont inaltérables.

(1) *Tournez :* L'amour de lui.

(2) *Tournez en continuant la phrase :* De naissances et de morts, de guérisons et de destructions, de lamentations et de ris, de gémissemens et de danses.

THÈME CLII.

ADVERBES DE LIEU.*

La disgrâce.

Où sont maintenant les brillans ornemens du consulat? Où sont ces applaudissemens, ces chœurs de danse, ces fêtes, ces assemblées? Où sont ces couronnes, ces superbes tapis? Où est cet empressement des citoyens? Où sont ces flatteries des spectateurs? Tout cela a passé. Un vent violent a abattu les feuilles, il nous a montré l'arbre dépouillé. Où sont ces faux amis? Où sont ces festins, ces débauches? Où sont ces essaims de parasites, ces flatteurs du pouvoir? C'était une ombre, et elle a passé; c'était une fumée, et elle s'est évanouie; c'étaient des bulles d'eau et elles se sont crevées; c'était une toile d'araignée, et elle a été arrachée.

THÈME CLIII.

L'Homme.

Nous ne différons en rien des gens entraînés par un torrent. Ceux-ci sont emportés çà et là; et nous nous ne sommes pas maîtres de nous-mêmes, nous

* (*Méth., Sect.* VI, § 154—166.)

sommes entraînés en tous sens par les passions. Nous ressemblons à un homme monté sur un cheval furieux. Le cheval l'emporte et l'entraîne au loin; celui-ci ne peut plus le contenir, il va par-ci par-là. Et nous où allons-nous? Où nous portent nos passions? Tantôt la crainte, tantôt la colère, tantôt le plaisir, tantôt l'avarice nous entraînent. Nous sommes montés sur des chevaux furieux; aussi nous emportent-ils dans les précipices et les abîmes.

THÈME CLIV.

Conseils à un riche.

Riche, viens ici! Ne vois-tu pas ces murailles détruites par le temps? Leurs débris, comme des rochers élevés, dominent toute la ville. Où sont maintenant ces travaux magnifiques? Où est leur maître? Tout n'est-il pas confondu, évanoui? Aie donc une âme plus élevée! Mais, dis-tu, quel mal fais-je *en* dépensant mon bien? Quel est ton bien, dis-moi? de qui l'as-tu reçu? N'es-tu pas venu ici tout nu? Ne sortiras-tu pas nu de ce monde? D'où te viennent les biens présens? Dieu te les a donnés; aie donc de la reconnaissance pour ton bienfaiteur, et secours les pauvres.

THÈME CLV.

Socrate et les Athéniens.

Le fameux Socrate ne cessait d'exhorter (1) les Athéniens. Partout il leur parlait, dans les palestres et dans le lycée, aux tribunaux et dans l'assemblée. *En* voyant plusieurs personnes réunies dans le même lieu, il leur disait avec courage et sans dissimulation : Où allez-vous, ô hommes? Vous errez çà et là songeant à vos richesses; vous négligez tout le reste. Vous n'avez pas trouvé d'instruction, d'exercice convenable, utile à tous les hommes. Cependant ce serait bien plus précieux pour vous, pour vos fils, pour vos amis. Mais venez ici, écoutez-moi : je vous apprendrai à être sages, à acquérir honnêtement des richesses et à vous en bien servir. *C'est* ainsi *qu'*il exhortait les Athéniens à l'étude de la philosophie ; mais ceux-ci étaient sourds à ses avis, ils *ne* s'occupaient *que* du gain.

---

(1) *Tournez* : Ne cessait pas exhortant.

THÈME CLVI.

PRÉPOSITIONS. *

Gorgias.

Les Léontins, colonie de Chalcis, et alliés des Athéniens, étaient attaqués par les Syracusains. Pressés par la guerre, ils envoyèrent des députés à Athènes, priant le peuple de les secourir au plus tôt, et d'arracher leur ville aux dangers. Le chef de l'ambassade était le Rhéteur Gorgias, bien supérieur par son éloquence à tous ses contemporains. Arrivé à Athènes et présenté au peuple, il rappela aux Athéniens leur alliance, et par la nouveauté de son langage, il frappa ce peuple spirituel et ami de l'éloquence. Enfin il persuada aux Athéniens de porter du secours aux Léontins, et s'étant fait ainsi admirer (1) à Athènes, il retourna à Léontium.

THÈME CLVII.

Le fleuve Adonis.

Le fleuve Adonis se jette du mont Liban dans la mer. Ce fleuve chaque année est ensanglanté,

* (*Méth., Chap. VII,* § 167—315.)
(1) *Tournez :* Ayant été ainsi admiré.

et perdant sa couleur *naturelle*, il rougit au loin les flots et annonce aux habitans de Byblos le moment du deuil. Dans ces jours, disent les habitans de Byblos, Adonis est blessé sur le mont Liban; son sang, *en* coulant dans le fleuve, en change la couleur et lui donne le nom d'Adonis. Tels sont les discours de la multitude; mais un habitant de Byblos m'indique une autre cause de ce phénomène. Le fleuve Adonis, me dit-il, traverse le Liban; or le Liban est rempli de terre rouge, et des vents violens s'élevant à cette époque, jettent dans le fleuve cette terre de la couleur du vermillon. La terre donne au fleuve une couleur de sang; ainsi le sang n'est point la cause de ce phénomène, mais seulement le terrain.

THÈME CLVIII.

Massinissa.

Massinissa, roi des Nomades en Afrique, fut le meilleur et le plus heureux des Rois de son temps. Il régna plus de soixante ans, plein de santé et de jours, car il vécut jusqu'à quatre-vingt-dix ans. Il était le plus fort de son temps pour la constitution du corps; il supportait jour et nuit la fatigu *de monter* à cheval, et n en ressentait aucun mal A l'âge de quatre-vingt-dix ans il laissa un fil âgé de quatre ans; il avait encore quatre autre fils. Par un effet de leur bienveillance mutuelle, il passa sa vie sans embûches, et son règne ne fut souillé par aucun crime domestique.

THÈME CLIX.

Sur l'intelligence.

La nature est variée : elle a orné les animaux de chaque espèce d'armes différentes. Elle a armé les uns d'ongles crochus, les autres de dents solides, ceux-là de cornes pointues, ceux-là de pieds agiles, ceux-là de courage, d'autres enfin d'un poison mortel. Elle a privé l'homme de tous ces secours ; elle l'a mis au monde nu, faible, sans fourrure, lent à la course, incapable de voler, inhabile à nager. Mais elle a allumé en lui une étincelle invisible, l'intelligence. Grâce (1) à cette étincelle, il se conserve, il remédie aux maux de la vie, il pourvoit aux besoins du corps, rivalise avec les avantages des autres animaux, leur commande à tous, et les soumet à son empire et à sa raison.

---

(1) *Tournez :* Par.

THÈME CLX.

La retraite de S. Basile.

C'est une montagne élevée, couverte d'une épaisse forêt, arrosée de ruisseaux frais et limpides. A ses pieds s'étend une vaste plaine, baignée continuellement par les eaux de la montagne. La forêt formée d'arbres de toute espèce lui sert presque de rempart. Sur le flanc de la montagne un fleuve s'échappe des précipices, et forme une barrière perpétuelle et inexpugnable. La plaine se déroule sous les regards, et du haut de la montagne on peut voir couler le fleuve; il roule avec une grande rapidité; sa violence est encore un peu augmentée par les rochers voisins; il s'élance de là, et se précipite en tourbillons. Il présente le spectacle le plus magnifique; et il est du plus grand avantage aux habitans, *en* leur fournissant du poisson en abondance.

THÈME CLXI.

SUITE.

Faut-il parler des douces exhalaisons de la prairie, ou de la fraîcheur du fleuve? Un autre admirerait la variété des fleurs, le nombre et le chant des oiseaux; mais moi, je n'ai pas le temps d'y faire attention. Cet endroit, par son heureuse position, est propre à porter toute espèce de fruits; il me procure le plus agréable, *c'est* le repos. Il est non-seulement exempt du tumulte des villes, mais encore on n'y voit personne, excepté quelques chasseurs. Car il a encore l'avantage (1) d'être rempli de bêtes sauvages, non pas d'ours et de loups, mais de cerfs, de chèvres, de lièvres e d'espèces semblables.

THÈME CLXII.

Rome.

Le séjour de Rome convient aux riches et aux amis des plaisirs. Toutes les rues, toutes les places sont pleines des choses les plus agréables. On peut y recevoir le plaisir par tous les sens, par les yeux, par les oreilles, par l'odorat, par la bouche La volupté, comme un torrent impétueux, les inonde tous, et chasse de l'âme inondée, la pudeur, la vertu, la justice. L'âme privée de ces avantages, est toujours plus altérée de plaisirs, et elle se remplit des passions les plus fougueuses. Telle est cette ville, telles sont ses vertus. On y voit le trouble, les calomniateurs, des soupers et des flatteurs, des assassinats et de fausses amitiés. On y voit encore, comme sur un théâtre varié, celui-ci de valet devenir maître, celui-là pauvre de riche *qu'il était;* cet autre devenir satrape; l'un ami

(1) *Tournez :* Outre les autres choses, il...

de celui-là, cet autre son ennemi. *C'est* ainsi *que* la fortune s'y joue des choses humaines.

THÈME CLXIII.

Merveilles de la nature.

Comment l'esprit humain pourrait-il parcourir avec exactitude toutes les merveilles de la nature, et en expliquer infailliblement les causes? Un peu d'eau est attirée dans la racine, cette eau nourrit d'un côté la racine, de l'autre l'écorce de l'arbre, l'arbre lui-même et sa moelle. Cette même eau se change en feuilles en fleurs, en fruits ; se transforme en branches , en surgeons. Comment cette même eau forme-t-elle le vin dans la vigne, l'huile dans l'olivier? Comment cette même eau est-elle tantôt douce au goût, tantôt piquante? Comment dans l'absinthe, par exemple, prend-elle une amertume si violente, et blesse-t-elle le goût? Que de variétés dans les couleurs? On voit dans une prairie la même eau se rougir dans une fleur, se pourprer dans une autre; être bleue dans celle-ci, blanche dans celle-là, et produire ensuite des odeurs si différentes. Le jour me manquerait *en* voulant vous montrer la haute sagesse du Tout-Puissant dans les plus petits objets.

THÈME CLXIV.

Alexandre ou l'inutilité des promesses.

Alexandre commandait déjà aux Perses, il avait vaincu à Arbelles et avait renversé Darius. Il fallait envoyer dans toutes les parties de son empire des courriers pour (1) porter ses ordres, et la route de Perse en Égypte était très-longue. Il fallait faire le tour des montagnes, passer ensuite en Arabie, de là traverser un vaste désert, et arriver enfin en Égypte. Alexandre était fâché de ces retards, et il ne pouvait mander promptement aux gouverneurs ses volontés. Sur ces entrefaites un marchand de Sidon lui dit : Prince, je promets de vous *montrer* (2) une route très-courte *pour aller* de Perse en Égypte ; *en* passant ces montagnes (et on peut les passer en trois jours), on serait aussitôt en Égypte. C'était la vérité ; mais Alexandre ne voulut pas le croire, il prit le marchand pour un imposteur. Ainsi les promesses extraordinaires paraissent incroyables au plus grand nombre.

(1) *Tournez :* Devant porter.
(2) *Tournez :* Devoir montrer.

THÈME CLXV.

Evangélus ou la vanité punie.

Un Tarentin, nommé Evangélus, d'une illustre famille de Tarente, voulut gagner un prix aux jeux Pythiques, et il crut pouvoir facilement l'emporter sur la lyre et dans le chant. Il vient donc à Delphes, il se fait faire une robe brochée d'or, et une couronne de lauriers en or; au lieu des fruits du laurier on y voyait des émeraudes de la même grosseur. Sa lyre était de l'or le plus pur, elle était ornée de différentes pierres précieuses, et elle excitait l'admiration des spectateurs. Evangélus paroît sur le théâtre tout brillant d'or et de pierreries; il remplit tous les assistans des plus grandes espérances; mais bientôt il prélude sans harmonie, sans mesure, il casse trois cordes de sa lyre et commence un chant barbare et ridicule. Tous les spectateurs éclatent de rire, et les juges, indignés de son audace, le chargent de coups de fouets et le chassent du théâtre.

THÈME CLXVI.

Bienfaits de la Providence.

Que rendrai-je à Dieu pour tous ses bienfaits? Du néant, il m'a mis au jour, il m'a honoré de la raison, il m'a donné des arts soutiens de ma vie; il tire pour moi des alimens de la terre; il me livre tous les animaux comme des esclaves. Pour nous tombe la pluie, pour nous brille le soleil; les montagnes, les plaines ont été embellies pour nous. Pour nous coulent les fleuves; pour nous jaillissent les fontaines. La mer s'ouvre pour le commerce. Les richesses des mines, les jouissances de toute espèce nous ont été données par la riche, l'inépuisable bienfaisance du Créateur. Et pourquoi m'arrêter à de petits intérêts? Pour nous Dieu est parmi les hommes; le bienfaiteur habite avec des ingrats; le libérateur visite les captifs; le soleil de justice apparaît aux peuples assis dans les ténèbres. La victime innocente est attachée à la croix; la vie se soumet à la mort, la lumière aux ténèbres de l'enfer.

THÈME CLXVII.

La Calomnie.

La plus grande partie des maux de la vie sont l'ouvrage de la calomnie. Par elle, des familles ont été détruites, des villes entières ont été renversées; des pères se sont armés contre leurs enfans, des frères contre leurs frères, des fils contre leurs pères. Beaucoup d'amitiés ont été troublées par la confiance *donnée* à la calomnie. Je veux la peindre dans mon discours, ou plutôt Apelle d'Ephèse m'a prévenu en faisant ce tableau. On voit un homme assis, ayant des oreilles fort longues, presque semblables à celles de Midas, et tendant la main à la calomnie. A côté de lui se tiennent deux femmes; *ce sont* l'ignorance et le soupçon.

THÈME CLXVIII.

SUITE.

De l'autre côté s'avance la calomnie; *c'est* une femme extrêmement belle; elle tient dans sa main gauche une torche allumée, et de la droite elle traîne par les cheveux un jeune homme tendant les mains au ciel et attestant les dieux. Elle est précédée par une femme (1) pâle et laide, à la vue perçante; on peut la prendre pour l'envie. Deux autres femmes accompagnent la calomnie, elles l'excitent et l'embellissent; celle-ci est l'artifice, et celle-là la tromperie. Derrière marche une personne en habit de deuil, elle porte un vêtement noir et déchiré; on l'appelle le repentir. Il se retourne en pleurant, et il voit d'un air confus la vérité s'approcher (2).

---

(1) *Il faudra mettre en grec*, un homme, *parce que le mot* φθόνος, envie, *est du masculin.*

(2) *Tournez :* S'approchant.

THÈME CLXIX.

Inconstance de la Fortune.

Rien dans les choses humaines ne reste éternellement à son possesseur. Des villes grandes et et célèbres, *des cités* remarquables par la beauté de leurs édifices, par la puissance de leurs habitans, par leurs richesses commerciales, témoignent seulement par leurs débris leur antique splendeur. Un vaisseau a souvent échappé à la fureur des flots, mille fois il a traversé rapidement les mers et apporté aux commerçans de riches marchandises, et il est submergé par un coup de vent. Des armées ont souvent vaincu leurs ennemis, elles sont trahies par la fortune, et elles deviennent un spectacle digne de pitié. Des nations entières, des îles ayant eu la plus grande puissance, ont élevé sur terre et sur mer de glorieux trophées, elles ont trouvé dans le butin de grandes richesses, et elles sont détruites par le temps, ou devenues captives, elles échangent la liberté contre l'esclavage.

THÈME CLXX.

L'Amitié.

On a toujours besoin de l'amitié. Elle conserve les richesses, elle soulage la pauvreté, elle ajoute un nouvel éclat à la gloire, elle diminue l'ignominie. Quel malheur ne serait pas insupportable sans l'amitié? Quel succès ne deviendrait pas désagréable sans la participation d'un ami? Quel plaisir serait doux sans une bienveillance mutuelle? La solitude est la plus triste, la plus effrayante des conditions, à cause de l'absence des amis. Les yeux, les mains sont de la plus grande utilité pour la vie; mais les amis ne sont pas moins utiles, ils le sont même davantage. Avec les yeux on voit seulement devant soi, avec des amis on voit jusqu'aux extrémités de la terre. Avec les mains l'homme fait mille choses; avec des amis il peut tout entreprendre. Ses amis prennent soin de tous ses intérêts; enfin c'est une seule âme en plusieurs corps.

THÈME CLXXI.

Conseils à un Écrivain.

Voulez-vous être vraiment loué pour vos dicours et être connu du peuple? Commençant par les meilleurs poètes, lisez-les avec un maître; passez ensuite aux orateurs, et vous étant nourri de leur langage, prenez les ouvrages de Thucydide et de Platon. Avant tout, n'imitez pas le mauvais genre des sophistes, imitez les anciens modèles. Que l'affectation du style ne vous séduise pas, mais, selon la loi des Athlètes, habituez-vous à une nourriture solide; sacrifiez surtout aux grâces et à la clarté; préparez vos idées avant les mots, ornez-les ensuite de l'expression; mais ne cherchez pas à adapter une pensée à quelque mot extraordinaire, et à le faire entrer à toute force. *En* suivant ces avis, vous aurez pris le meilleur parti; *en* les méprisant, vous vous en repentirez plus tard.

THÈME CLXXII.

Dion Chrysostôme.

Le philosophe Dion surnommé Chrysostôme à cause de son éloquence, ayant été chassé de l'Italie avec les autres philosophes, par Domitien, se retira chez les Gètes, et là il plantait des arbres, bêchait la terre, tirait de l'eau pour les bains et les jardins. Mais même dans cet état, il ne négligeait point l'étude; il se nourrissait de deux livres; c'était le Phédon de Platon et le discours de Démosthène sur la Fausse Ambassade. Il venait souvent au camp des Romains, et voyant un jour les soldats portés à la révolte à cause de la mort de Domitien, il sauta sur un autel élevé et s'écria:

Enfin le sage Ulysse a quitté ses haillons.

A ces mots, il découvre son nom, sa profession, s'emporte avec véhémence contre le tyran, et il engage les soldats à prendre de meilleurs sentimens et à suivre les ordres de Rome. Son éloquence put toucher des gens fort peu versés dans la langue grecque.

THÈME CLXXIII.

Arion.

Arion vivait du temps du sage Périandre; le premier il fit des dithyrambes et leur donna un nom. Revenant à Corinthe avec de grandes richesses, il allait être jeté à la mer (1), par les matelots avides de ses biens; il les supplia de lui permettre de chanter auparavant. Le temps était serein, la mer était calme; les dauphins entendirent ses chants, et ils se pressèrent autour du vaisseau. Arion ayant cessé, et voyant les matelots inflexibles, se jeta dans la mer; un dauphin reçut ce poète et le porta au cap Ténare. Arion, sauvé de cette manière, devance les nochers à Corinthe et raconte à Périandre son malheur; bientôt les matelots abordent, et ils sont mis à mort. En reconnaissance de ce bienfait, Arion (2) fit élever une petite statue d'airain et la dédia à Neptune, auprès du cap Ténare. Il était représenté assis sur son bienfaiteur.

(1) *Tournez :* Devant tomber à la mer.
(2) *Tournez :* Ayant fait une imitation d'airain.

THÈME CLXXIV.

Origine des habitans d'Alexandrie.

Les Grecs rapportent cette fable sur l'origine des habitans d'Alexandrie. Orphée chantait dans la Thrace et la Macédoine; les animaux venaient autour de lui, il y en avait de toute espèce; mais surtout on y voyait des oiseaux et des moutons. Ils accompagnaient partout Orphée, ils l'écoutaient et trouvaient en même temps leur nourriture, car ce poète passait la plus grande partie de sa vie dans les montagnes et près des bois. Ils pleurèrent sa mort, et Calliope, mère d'Orphée, ayant eu pitié d'eux à cause de leur attachement à son fils, demanda à Jupiter de les métamorphoser en hommes, en leur conservant cependant le même esprit. Telle fut l'origine d'un peuple de la Macédoine (1); il passa ensuite en Asie avec Alexandre et habita Alexandrie. *C'est* pour cela *que* les habitans d'Alexandrie sont encore entraînés par les chants, qu'ils sont d'un caractère léger, et n'ont point de prudence.

(1) *Tournez :* De ceux-ci sortit une espèce de Macédoniens.

THÈME CLXXV.

EXERCICE SUR LE CHAPITRE SUPPLÉMENTAIRE.*

VERBES GRECS GOUVERNANT UN AUTRE CAS QUE LE VERBE FRANÇAIS.**

Le Taureau.

Le taureau n'est pas seulement un animal courageux; il ne se sert pas de sa force pour lui seul comme le lion et les autres bêtes féroces, mais il commande justement à son espèce, il règne sur ses égaux avec bienveillance et intérêt. Jamais il ne néglige leurs intérêts; jamais il ne les oublie. Il les conduit à la pâture; il ne fuit pas à la vue d'une bête féroce; il combat à la tête du troupeau, il secourt les faibles, il cherche à délivrer son peuple des dangers et de ses ennemis. Il ne cède à aucun animal en force, en courage, mais il préfère la justice à la violence; il conserve ses sujets, il combat pour eux, il rivalise de courage avec les taureaux ses compagnons, et il cherche à les surpasser par la force.

* (*Méth.*, § 324—369.)
** (*Méth.*, § 324—352.)

THÈME CLXXVI.

Le bonheur des sens.

Supposons un homme heureux du seul bonheur des sens, un homme voyant les couleurs les plus agréables, entendant les sons les plus harmonieux, respirant les plus doux parfums, goûtant les mets les plus variés, enfin pénétré d'une douce chaleur et éprouvant tout cela à la fois, et n'ayant aucun repos, aucun intervalle dans ses jouissances; car en séparant ses plaisirs, en divisant ses sensations, on affaiblirait son bonheur. Quel homme pourrait supporter ce torrent de délices fondant tout à coup sur lui? Ne serait-il pas le plus malheureux des hommes? Ne souhaiterait-il pas quelque relâche, ne désirerait-il pas du repos? Tout plaisir trop prolongé produit la douleur; et ce bonheur si digne d'envie au commencement, serait bientôt l'objet de la pitié générale.

THÈME CLXXVII.

Les anciens Sages.

J'admire le courage et la grandeur d'âme des stoïciens; j'admire aussi la vertu d'Anaxarque, d'Epictète et de Socrate. Le premier, privé de tous ses biens et écrasé dans un mortier de fer, exhortait ses bourreaux à piler le sac d'Anaxarque ; il appelait ainsi son corps. Le second parlait de philosophie au milieu des tourmens, et son corps semblait être étranger au supplice. Socrate condamné à mort par les Athéniens, quoique ne leur ayant jamais fait de mal, mais ayant au contraire appris la justice à leurs enfans, non-seulement ne voulut pas fuir de la prison ni demander la vie, mais il parut se réjouir de son sort. Il prit la ciguë avec joie, et il semblait boire à la santé de ses amis.

THÈME CLXXVIII.

CHANGEMENT DE SUJET *

La Royauté.

La royauté n'est pas une charge oisive; elle n'a ni loisir ni repos ; mais au contraire, elle est remplie de soucis et de travaux. Ainsi dans un vaisseau les passagers peuvent rester oisifs, ils peuvent se livrer à la bonne chère pendant le jour et dormir pendant toute la nuit ; dans la tempête ils se cachent la tête et attendent l'événement ; mais le pilote doit toujours avoir les yeux fixés sur la mer, il doit regarder le ciel, il doit examiner la

* (*Méth.*, § 353.)

terre, il doit même voir les écueils cachés sous les eaux; seul il ne peut dormir pendant la nuit, le jour il dérobe au travail quelques instans, et son sommeil est léger et douteux; souvent il se réveille, il crie de carguer la voile, de lâcher les cordages. Dans un camp chaque soldat s'occupe pour lui seul de ses armes, de sa nourriture, de sa conservation. Le général au contraire doit veiller à tout, se garantir de l'attaque des ennemis, et remporter la victoire.

THÈME CLXXIX.

DE LA DUALITÉ ET DES MODIFICATIONS QU'ELLE APPORTE DANS LE LANGAGE. *

Socrate.

Socrate ayant vu deux frères, Chéréphon et Chérécrate, divisés entre eux, dit à Chérécrate: Vous êtes ensemble comme deux mains occupées à se gêner mutuellement, ou comme deux pieds s'entravant l'un l'autre. N'est-ce pas là le comble de la démence et de la perversité? Dieu a fait les frères pour se (1) rendre mutuellement plus de services que les mains, les pieds et les yeux; car les mains ne peuvent saisir à la fois des objets éloignés de plus d'une aulne, les yeux même les mieux exercés ne peuvent voir à

---

* (*Méth.*, § 554—568.)

(1) *Tournez :* Pour une utilité mutuelle plus grande que.

la fois devant et derrière eux; mais deux frères bien unis peuvent même éloignés l'un de l'autre se rendre mutuellement service.

THÈME CLXXX.

La Philosophie.

Je cherche la sagesse, deux routes se présentent à moi; l'une passe par des prairies arrosées de ruisseaux agréables, elle ne présente aucun obstacle, aucune difficulté; l'autre est hérissée de pierres, elle est difficile et exige de grandes fatigues. Je m'arrête embarrassé. De quel côté me tournerai-je? Suivrai-je la route la plus belle ou la plus difficile? Laquelle des deux est la meilleure? Deux hommes vénérables se tiennent chacun à l'entrée des deux routes. L'un me tend la main, et m'engage à venir de son côté. L'autre vieillard me tient le même langage. Lequel des deux écouterai-je? auquel dois-je m'attacher?

THÈME CLXXXI.

Harmonie des corps Célestes.

Ces astres si brillans, ces étoiles gouvernées par l'intelligence et le pouvoir du Dieu souverain leur créateur, sont conservées par leur harmonie mutuelle. Ne les voyez-vous pas se céder les unes aux autres ? Le soleil *en* se retirant permet aux astres moins brillans de se lever. D'un autre côté ces astres cèdent au soleil et ne résistent pas à sa puissance. Ces corps si vastes sont toujours unis entre eux ; et de petites villes, des nations habitant un petit coin de la terre ne peuvent sans dissension être voisines l'une de l'autre ! Et cependant, les oiseaux font leur nid l'un à côté de l'autre ; ils ne se tendent pas d'embûches, ils ne se disputent pas leur nourriture. Les fourmis habitent les unes près des autres, elles prennent le blé dans le même champ, elles se cèdent mutuellement, elles se détournent de la route et s'aident souvent les unes les autres. Les hommes seuls sont pervers dans leurs amitiés et dans leurs rapports mutuels.

THÈME CLXXXII.

Sur les Oiseaux.

Il y a mille variétés dans les oiseaux pour la grandeur, la forme, la couleur, pour le caractère et la manière de vivre. Les oiseaux de proie ont des serres, un bec recourbé, et une aile rapide ; ils aiment la solitude. Mille autres espèces cherchent la société, comme les colombes, les grues et les geais. Dans ces espèces mêmes les unes n'ont point de chef et sont indépendantes, les autres sont accoutumées à obéir à un chef. Celles-ci sont sédentaires, elles habitent toujours le même pays; celles-là voyagent très-loin et ne sont que des oiseaux de passage. Quelques-unes aiment la société des hommes et se plaisent dans nos demeures; d'autres aiment les montagnes et les déserts.

THÈME CLXXXIII.

Les Goûts.

Chacun a ses goûts particuliers. L'un désire posséder les campagnes les plus vastes; celui-ci demande de l'argent, celui-là des esclaves, et cet autre tous ces biens réunis. Un autre recherche seulement l'éloquence; celui-là désire un autre genre de mérite. Quelques autres s'occupent d'agriculture; ceux-là se tournent vers le commerce, ceux-ci vers l'art militaire; enfin l'un a un goût, l'autre en a un autre. Je citerai ici l'histoire d'un peintre plaisant : il avait exposé un fort beau tableau représentant un cheval. Il dit à son esclave d'observer les spectateurs et de lui rapporter leurs discours. L'un disait une chose, l'autre une autre; celui-ci critiquait la tête, celui-là la croupe. Le peintre ayant entendu le rapport de son esclave, fit un second tableau d'après le goût de la multitude et le plaça près du premier; on reconnut alors toute la différence, et la multitude, *en* voyant ce tableau ridicule, reconnut son erreur.

THÈME CLXXXIV.

DES ELLIPSES.*

Léocrate.

Un Athénien nommé Léocrate, ayant abandonné sa patrie après la bataille de Chéronée, vint à Rhodes ; il passa huit ans hors de l'Attique et revint ensuite à Athènes. Alors un orateur l'accusa de trahison, et *c'est* ainsi *qu'*il terminait son discours. « Il vous priera peut-être d'écouter » son apologie d'après les lois ; mais vous, demandez-lui quelles lois ? il les a abandonnées. » Il vous demandera de lui permettre d'habiter » dans les murs de sa patrie ; où sont-ils ? seul » de tous les citoyens, il ne les a pas défendus. » Il invoquera les dieux, et quels dieux ? il a livré leurs temples et leurs bois sacrés. Quels citoyens suppliera-t-il d'avoir pitié de lui ? il n'a » pas osé contribuer avec vous au salut de l'Etat. » Qu'il supplie les Rhodiens ! il a mis l'espérance » de son salut dans leurs murs. Et quel âge aurait » pitié de lui? les vieillards ? mais il les a trahis. » Les jeunes gens ? Eh ! qui voudrait sauver un » traître ! »

---

* (*Méth.*, § 369.)

THÈME CLXXXV.

RÉCAPITULATION GÉNÉRALE.

Voyage aux Enfers.

Le jour commençait à paraître, nous descendons vers l'Euphrate, nous quittons le bord. Pendant un certain temps nous fûmes entraînés par le courant, ensuite nous entrâmes dans un marais. L'ayant traversé nous arrivons dans un lieu désert, rempli de bois, et fort obscur. Nous abandonnons la barque, nous creusons une fosse, nous immolons des brebis, et nous en versons le sang autour de la fosse. Aussitôt tout est agité, le sol s'entr'ouvre. On entendait de loin les aboiemens de Cerbère; on apercevait le marais du Styx, le Phlégéthon et le palais de Pluton. Nous descendons par l'ouverture, et nous rencontrons Rhadamanthe presque mort de peur. Ayant traversé le marais, nous arrivâmes près du tribunal de Minos. Il était assis sur un trône élevé; près de lui se tenaient les Peines et les Furies. De l'autre côté on amenait une foule de morts, attachés avec une longue chaîne. C'étaient des flatteurs, des calomniateurs, des adultères. Minos les examinait avec soin, et il les envoyait chacun dans la demeure des scélérats, pour y subir (1) une peine digne de leurs forfaits.

---

(1) *Tournez :* Devant subir.

THÈME CLXXXVI.

SUITE.

Ayant quitté le tribunal, nous allâmes vers le lieu des supplices. On entendait là beaucoup de cris lamentables ; nous passons et nous entrons dans la plaine d'Acherusium. Nous trouvons là les demi-dieux, et les autres morts rangés par nations et par tribus. Ils étaient étendus les uns sur les autres pêle-mêle, et ne conservaient aucune marque d'honneur. Je ne pouvais distinguer Thersite du beau Nirée, ou le mendiant Irus du Roi des Phéaciens. On aurait ri *en* voyant les anciens Satrapes mendiant chez les morts, ou vendant du poisson à cause de leur misère, ou enseignant l'alphabet. Je ne pus me retenir *en* voyant Philippe le Roi de Macédoine : on me le montra dans un coin raccommodant de vieilles savates. Ayant vu tout cela, et fort content de mon voyage, je ne tardai pas à revenir ; j'aperçus l'antre de Trophonius, je me glissai avec beaucoup de peine par l'ouverture, et je ne sais comment je me trouvai à Lébadée.

THÈME CLXXXVII.

Isocrate.

Isocrate était fils de Théodore, citoyen honnête d'Athènes. Ayant reçu une éducation soignée, et élevé comme les plus riches Athéniens, il s'attacha à la philosophie. Il voulait servir la République par ses discours et ses actions, mais la nature s'y opposait; elle lui avait refusé les ressources les plus indispensables, les plus puissantes pour un orateur, la hardiesse et la force de la voix. Il abandonna donc ce dessein. Il aimait cependant la gloire, et il prit le parti d'écrire. Il ne s'exerça point sur de petits sujets, sur des matières particulières, comme faisaient les autres sophistes. Le premier, il passa de la controverse et des questions naturelles aux discours politiques. Il fut le plus illustre de tous ses contemporains, et il forma les enfans des premières familles d'Athènes et de toute la Grèce.

THEME CLXXXVIII.

Style d'Isocrate.

Voici le caractère particulier du style d'Isocrate. Il est pur, et ne hasarde aucune expression; il s'attache surtout au dialecte le plus ordinaire et le plus familier. Il évite la rudesse des expressions surannées, et sa diction est tempérée. Quant au style figuré, Isocrate diffère un peu de Lysias. Il est moins concis, moins serré, moins propre aux luttes du barreau ; plus faible, il est aussi plus riche et plus abondant. En effet cet écrivain s'attache surtout à l'harmonie, et préfère l'élégance à la simplicité. Il évite la rencontre des voyelles, comme détruisant l'harmonie des sons, et s'efforce de renfermer ses pensées dans une période et dans un tour nombreux, assez semblable à la cadence poétique.

THÈME CLXXXIX.

Pindare.

Pindare était Thébain, il naquit du temps d'Eschyle et vécut avec lui. Il florissait à l'époque de l'invasion de Xerxès ; il habitait Thèbes, et les Lacédémoniens ayant incendié cette ville épargnèrent sa maison en y voyant ce vers écrit sur la porte :

Respectez la maison du poète Pindare.

Alexandre ayant pris ensuite Thèbes épargna de même la demeure et les descendans de Pindare par respect pour ce poète illustre. Il fut élève de Simonide et de Myrto ; il composa dix-sept livres de poésies : on en a conservé quatre. Il mourut subitement au théâtre, âgé de soixante-six ans ou de quatre-vingts selon quelques autres.

THÈME CXC.

L'avare.

La maladie de l'avare ne s'arrête jamais, elle est semblable au feu. Le feu dévore toutes les matières, personne ne peut l'arrêter. Mais qui pourrait retenir l'avare? il ne songe pas à la jouissance des biens acquis, mais il se consume par le désir d'une plus grande fortune. De là viennent les veilles, les soucis et les inquiétudes. Entend-il l'aboiement d'un chien? l'avare croit entendre un voleur. Un rat fait-il du bruit? son cœur palpite; il craint son esclave, il soupçonne tout, il regarde ses fils déjà grands comme autant d'ennemis Tantôt il cache son or, mais alors il craint les voisins; tantôt il le place à intérêt, mais alors il redoute les magistrats.

THÈME CXCI.

Trait d'Alexandre.

L'armée des Macédoniens traversait les sables au milieu d'une chaleur brûlante. Alexandre était dévoré par la soif, il avait peine à se soutenir, et cependant il marchait à pied à la tête de son armée. Les soldats le voyant partager leurs fatigues' les supportaient plus aisément. Sur ces entrefaites quelques soldats armés à la légère s'étant détachés de l'armée pour chercher de l'eau, en trouvèrent un peu dans une fondrière peu profonde. Ils la prirent avec peine, et en ayant rempli un casque, ils allèrent avec empressement vers Alexandre, comme lui apportant un bien précieux. Celui-ci la prit et les remercia ; ensuite il la versa devant tout le monde. Cette action ranima toute l'armée et cette eau versée par Alexandre semblait avoir étanché leur soif.

THÈME CXCII.

l'Ivrogne et le Médecin.

Un ivrogne eut une fièvre violente ; il refusait tous les remèdes capables d'apaiser l'ardeur de la maladie ; il voulait du vin, et conjurait instamment de lui en donner en grande quantité. La science du médecin était dans l'embarras ; on ne trouvait aucun moyen de salut, et l'état du malade était désespéré. Enfin un médecin se servit de cette ruse. Ayant pris un vase de terre encore tout neuf, il le plongea dans le vin, l'en retira ensuite; et l'ayant rempli d'eau, il ordonne de fermer les fenêtres de la chambre du malade, et il le lui présente comme plein de vin. Le malade, trompé par l'odeur, ne se donne pas le temps d'examiner la potion ; mais il la prend avec ardeur et est ainsi sauvé de sa maladie.

THÈME CXCIII.

Brutus et le Fantôme.

Brutus allant faire passer son armée d'Abydos sur l'autre continent, se reposait la nuit dans sa tente, selon sa coutume ; il ne dormait pas, mais il songeait à l'avenir. Il crut entendre du bruit à la porte, et ayant regardé à la lueur de sa lampe prête à s'éteindre, il vit une espèce d'homme d'une taille extraordinaire et d'une figure sévère. Effrayé d'abord, il lui demande qui il est ; le fantôme lui répond : Ton mauvais génie, Brutus ; tu me verras à Philippes. Alors Brutus plus hardi, Eh ! bien je t'y verrai, dit-il, et le fantôme se retira. Plus tard opposé dans les champs de Philippes à Antoine et à Octave, il fut victorieux dans le premier combat, et pilla le camp d'Auguste. Il allait livrer une seconde bataille, et le même génie se présenta à lui de nouveau pendant la nuit ; Brutus connut sa destinée, il se précipita dans les dangers, et mourut le même jour.

THÈME CXCIV.

Mort du philosophe Pérégrinus.

Je vais vous raconter la mort du Cynique Pérégrinus ; car j'en fus le témoin. Ce philosophe ayant cherché la solennité la plus fréquentée de la Grèce, éleva un bûcher très-vaste, et s'y précipita devant une foule de spectateurs. En allant à Arpène, près d'Olympie, nous vîmes un bûcher élevé ; il y avait des torches, et on avait entassé beaucoup de sarmens. Ensuite s'avança Pérégrinus vêtu comme à son ordinaire et suivi de tous les Cyniques, portant des torches ; Pérégrinus en portait une aussi. Ils s'approchèrent du bûcher l'un d'un côté, l'autre de l'autre, et ils allumèrent le feu le plus violent. Quant à Pérégirnus, il déposa sa besace, son vieux manteau, sa massue d'Hercule, et se présenta avec une vieille tunique. Ensuite il demanda de l'encens, il en jeta dans le feu, et dit en regardant le midi : Dieux de mes pères, recevez-moi avec bienveillance. A ces mots, il sauta dans le feu, on ne le vit plus, il fut aussitôt environné par les flammes.

THÈME CXCV.

Le Revenant.

Il y avait à Corinthe une maison inhabitée depuis long-temps, par la crainte des revenans. Elle tombait déjà en ruines, le toit s'écroulait, et personne n'osait y entrer. Un philosophe pythagoricien, nommé Arignote, l'ayant appris, entra dans la maison à la première veille. Il prit de la lumière, et l'ayant placée dans une vaste chambre il se mit à lire tranquillement, assis par terre. Le fantôme se présente; il était sale, avait une longue chevelure, et était plus noir que la nuit. Il attaque le philosophe de toutes les manières; mais Arignote le chasse et le poursuit dans un coin d'une chambre obscure, et le fantôme disparaît. Le matin le philosophe prend avec lui plusieurs personnes, il les conduit vers l'endroit, et les engage à creuser avec des pelles et des pioches. On y trouva un cadavre, il ne restait que les os; on lui rendit les honneurs funèbres et depuis ce temps la maison ne fut plus infestée par les revenans.

THÈME CXCVI.

Combat naval au milieu d'une tempête.

Les deux flottes se précipitent avec violence l'une contre l'autre. Les matelots se rencontrent, et nourrissant les uns contre les autres de vieux ressentimens, ils combattent avec acharnement. Les vaisseaux sont battus par une violente tempête; les ténèbres surviennent et obscurcissent tous les objets; on ne distingue plus les amis des ennemis. La mer s'enfle, elle est troublée dans ses abîmes; des torrens de pluie tombent des nues. La flotte est battue de tous les côtés, les soldats repoussent les barques poussées par les vents, ils vont au-devant des assaillans, et se tuent mutuellement dans les ténèbres. Songez après cela au bruit confus des vents, au choc des vaisseaux, à l'impétuosité des flots bouillonnans, aux cris des combattans. On n'entend plus la voix du pilote, ni du capitaine; le désordre, la confusion se sont emparés de tout.

THÈME CXCVII.

La Sécheresse.

Le ciel était d'airain, il était nu, sans nuages; il présentait une sérénité affreuse, et nous affligeait de sa clarté. La terre desséchée offrait un triste spectacle; elle était stérile, sillonnée par des fentes profondes, et recevait dans son sein les rayons brûlans du soleil. Les semences étaient desséchées avant de germer (1); d'autres sortaient un peu, et commençaient à paraître; mais elles étaient aussitôt brûlées par la chaleur. Les laboureurs, assis près de leurs sillons, déploraient l'inutilité de leurs travaux, ils pleuraient *en* regardant leurs jeunes enfans. Les sources les plus fécondes étaient taries; les fleuves les plus vastes étaient épuisés. La famine et la soif accablaient à la fois les malheureux mortels.

THÈME CXCVIII.

Le Temps.

O Prodige! Chacun de nous après sa naissance est saisi et entraîné par le fleuve du temps, il ne peut plus remonter vers le jour d'hier. Nous éprouvons cependant du plaisir, *en* étant ainsi portés en avant, *en* changeant ainsi d'âge. Nous perdons chaque jour une portion de la vie; nous ne nous en apercevons pas, nous mesurons la vie sur le passé, et nous ne songeons jamais aux incertitudes de l'avenir. Les voyageurs portent successivement leurs jambes en avant, comme à l'envie l'une de

---

(1) *Tournez* : Avant la pousse.

l'autre, et ils parviennent ainsi promptement au terme de leur course. Ainsi placés dans la vie par le créateur, à peine avons-nous mis un pied sur les degrés du temps, nous passons continuellement du premier au suivant et bientôt nous avons atteint les limites de l'existence.

THÈME CXCIX.

La Vie.

Nous sommes entraînés chacun vers le terme de la vie par un mouvement continu. Ainsi vous dormez, et le temps passe; vous veillez, vous êtes occupé, la vie de même se perd. Nous faisons une espèce de course, et nous sommes tous poussés au même terme ; vous êtes voyageurs sur cette terre, vous passez à la hâte, tout reste derrière vous. Vous voyez sur la route des plantes, du gazon, un ruisseau, vous vous amusez un moment; puis vous passez, vous rencontrez des pierres, des ravins, des précipices, des rochers, vous vous affligez un moment, et vous les quittez encore. Telle est notre vie, ses biens ne sont pas durables, ses maux ne sont pas continuels; cette route ne vous appartient pas, ces biens présens ne sont pas à vous ; aujourd'hui vous cultivez la terre, et demain ce sera un autre, et après lui un autre encore. Vous voyez ces campagnes, ces maisons magnifiques, combien de fois ont-elles changé de possesseur? Elles appartenaient à un tel : elles ont changé de nom, et ont passé à un autre ; elles sont venues à celui-ci, et elles sont maintenant à celui-là.

THÈME CC.

L'homme.

Quelle partie de la vie est exempte d'afflictions ? A sa naissance l'enfant ne pleure-t-il pas ? Il connaît la vie par la douleur, il ne peut encore exprimer ses souffrances, et ses gémissemens sont la seule expression de son malaise. Arrivé à l'âge de sept ans il souffre mille maux, il est soumis à des maîtres impérieux ; viennent ensuite les maîtres de grammaire, de mathématiques, et une foule de despotes ; toute son enfance se passe avec des maîtres ; à peine délivré de ceux-ci, il est en proie aux inquiétudes ; au prix des maux présens, ses premiers chagrins ne lui semblent que des jeux et des épouvantails d'enfans. Maintenant ce sont les expéditions, les blessures, les combats continuels ; ensuite la vieillesse se glisse en secret. Là, se réunissent tous les maux, toutes les incommodités de la vie. La nature, comme un usurier avide, prend en gage la vue de l'un, et l'ouïe de l'autre, et quelquefois ces deux sens. D'autres arrivent à une vieillesse avancée, et ils retombent alors dans une seconde enfance.

FIN.

TABLE ALPHABÉTIQUE

DES THÈMES GRECS.

A

B

C

D

E

F

G

H

N

O

P

Q

R

S

T

U

V

Z

FIN DE LA TABLE

dans le besoin, vous ne le soulagez pas; & vous l'aimez? Il est dans la peine, vous ne le consolez pas; & vous l'aimez? Il est opprimé par la violence, vous le laissez périr sans secours; & vous l'aimez? Il s'égare faute de lumiere, vous ne l'aidez pas de votre conseil; & vous l'aimez? Il est hors d'état de vous satisfaire; au lieu de lui prolonger le terme d'un paiement, comme la nécessité de ses affaires le demande, vous le poursuivez sans miséricorde, vous l'accablez, vous le ruinez; & vous l'aimez? Qu'est-ce qu'aimer? c'est vouloir du bien. Or est-ce vouloir du bien, que de n'en faire jamais, lorsqu'il ne tient toutefois qu'à vous d'en faire, & que vous le pouvez? Dieu nous a aimés, & son amour l'a porté à nous donner son Fils unique: *Sic Deus dilexit mundum, ut filium suum unigenitum daret.* Joann. c. 3. Ce Fils unique de Dieu nous a aimés, & son amour l'a porté à se livrer pour nous: *Dilexit me, & tradidit semetipsum pro me.* Galat. c. 2. Si donc nous aimons nos freres, conclut saint

www.ingramcontent.com/pod-product-compliance
Lightning Source LLC
Chambersburg PA
CBHW060801110426
42739CB00032BA/2408

* 9 7 8 2 0 1 9 5 5 7 3 3 1 *